江苏省校本课程评比一等奖

航模综合实践活动

施健斌 著

南京师范大学出版社

图书在版编目（CIP）数据

航模综合实践活动 / 施健斌著. —— 南京 ：南京师范大学出版社，2014.11
ISBN 978-7-5651-1895-1

Ⅰ．①航… Ⅱ．①施… Ⅲ．①航空模型运动－小学－课外读物 Ⅳ．①G624.83

中国版本图书馆CIP数据核字（2014）第243107号

书　　名	航模综合实践活动
作　　者	施健斌
责任编辑	王　安
出版发行	南京师范大学出版社
地　　址	江苏省南京市宁海路122号（邮编：210097）
电　　话	（025）83598919（总编办）83598412（营销部）83598297（邮购部）
网　　址	http://www.njnup.com
电子信箱	nspzbb@163.com
照　　排	南京凯建图文制作有限公司
印　　刷	启东市人民印刷有限公司
开　　本	787毫米×1092毫米　1/16
印　　张	8.25
字　　数	89千
版　　次	2014年11月第1版　2014年11月第1次印刷
书　　号	ISBN 978-7-5651-1895-1
定　　价	28.00元

出 版 人　彭志斌

南京师大版图书若有印装问题请与销售商调换
版权所有　侵犯必究

目 录

航模综合实践活动·上篇

航 天
认识航天器 …………………………… 3
玩气球 ………………………………… 8

航 空
认识飞机（一）………………………… 13
认识飞机（二）………………………… 19

航 海
各种各样的船 ………………………… 22
船的演变 ……………………………… 27

车 模
走进车世界 …………………………… 31
做小车 ………………………………… 35

航模综合实践活动·中篇

航 天
降落伞 ……………………………… 41
长征火箭 …………………………… 48

航 空
竹蜻蜓与直升机 …………………… 57
橡筋动力模型飞机 ………………… 64

航 海
船的动力 …………………………… 69
潜水艇 ……………………………… 72

车 模
玩小车 ……………………………… 77
特殊用车 …………………………… 82

航模综合实践活动·下篇

航 天
神舟飞船 ……………………………… 89
飞向太空 ……………………………… 94

航 空
孔明灯升空的秘密 …………………… 99
风筝的故事 …………………………… 104

航 海
郑和下西洋 …………………………… 109
海洋——21世纪的希望 ……………… 114

车 模
车标文化 ……………………………… 118
汽车与生活 …………………………… 122

图 例 说 明

 动脑想一想　　 一起读一读

 动手做一做　　 动手画一画

 动手来设计　　 知识拓展

 知识小链接　　 一起评一评

 注意　　 问题

航模综合实践活动　**上篇**

航 天

认识航天器

宇宙，是所有天体共同的家园。

💡 世界上最早的飞行器是中国的风筝和火箭，所以，中国是航天器的发源地。

1. 你认识这些航天器吗？

航天飞机

空间站

人造卫星

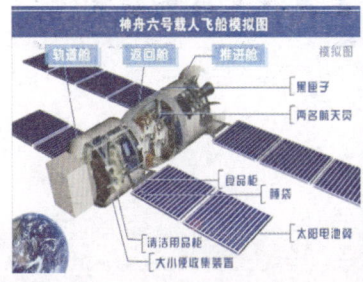
载人飞船

火箭

空间探测器

2. 你知道航天器的分类吗?

无人航天器

人造地球卫星

巡天遨游，为人类服务。按用途它可分为三大类：科学卫星、技术试验卫星和应用卫星。

空间探测器

对月球、行星和行星际空间进行探测，开创了人类探索太阳系天体的新阶段。

载人航天器

航天飞机

既是航天器，又是可重复使用的航天运载器。它具有在地球与轨道之间重复往返的功能。

载人飞船

主要进行近地轨道飞行，试验各种载人的航天技术。

空间站

体积大，具备一定实验或生产能力，可供多名航天员长时间工作和生活。

3. 你知道中国的神舟号系列飞船吗？

神舟一号

神舟二号

神舟三号

神舟四号

神舟五号

神舟六号

 读下面的童谣和故事。

人造卫星

人造卫星闪光芒，
不是天生是人装，
太空之间任遨游，
收集情报送地球。

宇宙飞船

船，船，船，宇宙大飞船。
月亮第一站，火星第二站，
小朋友，快上船，
飞到天上玩一玩。

中国航天

长征万里添新风，
神舟六号破苍穹，
嫦娥翩翩舞广袖，
科技又上新里程。

 你还想知道其他有关航天器的儿歌或童谣吗？课后别忘了找一找、读一读。

嫦娥奔月

相传古时候有十个太阳，整个大地像被火燃烧着，人们苦不堪言。

为了替人民解除痛苦，后羿用弓箭射下九个太阳，为人们消除了酷热之苦。

有一天，后羿得到一包不死药，给妻子嫦娥珍藏，不料给蓬蒙看见。

蓬蒙趁嫦娥一人在家，用剑逼嫦娥交出仙丹。逼于无奈，嫦娥把仙丹吞进肚里。

嫦娥吞下仙丹后化作神仙飞到了月球上。

为了纪念嫦娥，后羿和乡亲们就在月下摆水果祭月，表达他们对嫦娥的思念之情。

 除了《嫦娥奔月》，你还知道哪些关于星空的神话故事？找一找，在小组内交流一下。

如果让你遨游太空，你会坐上什么航天器？你将会看到什么？请把你的科学幻想画出来。

 书籍：《飞行器》《中国航天》《飞天的故事》
网址：航天信息网　http://www.httx.com.cn

序号	评价内容	自我评价	小组评价	教师评价
1	能讲述关于星空的神话故事。			
	能完整地讲述关于星空的神话故事。			
	能收集并整理关于星空的神话故事。			
2	能与同伴交流关于航天器的儿歌、童谣。			
	能编写关于航天器的儿歌、童谣。			

玩气球

你想玩气球吗?准备一个气球,体验一下玩气球的乐趣。

气球的运动叫反冲运动,它是利用气球里的空气压缩向一个方向喷出气体,同时向另一个方向运动。反冲运动在生产技术中是一种常见的现象。例如,射击炮弹时,炮弹向前飞出,炮身就会后退;在喷气式飞机和火箭中,燃料燃烧后生成的高温高压气体连续不断地从喷口喷出,喷气式飞机和火箭就会获得巨大的速度,并向和燃料喷出的相反方向飞行;春节时放的爆竹,也是根据这个道理飞上天的。

  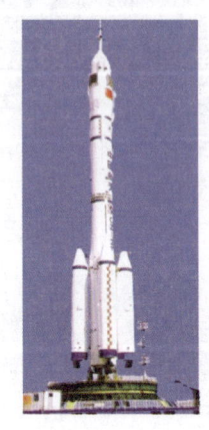

爆竹　　　　　导弹　　　　　火箭

让我们一起按下面的方法动手玩气球吧!

1. 如何让气球飞快一点呢?

图一

方法：加装吸管（如图一）。
材料：橡皮筋、吸管。
步骤：（1）把气球口套在吸管上，用橡皮筋扎紧。
　　　　（2）吹大气球后先堵住吸管口再松手放飞。

2. 如何控制气球飞的方向呢?

图二

方法：加装定向条（如图二）。
材料：橡皮筋、吸管、纸条、胶带。
步骤：在上述加装吸管的基础上，把纸条粘在吸管上。

3. 比一比谁的气球飞得远。

按顺序放飞量距离。

首先,我们要制定一个规则,保证比赛的公平和安全。

……

⚠ 气球不要对准人。

除了让气球飞得远,你还能让气球按下面的要求(也可以是其他要求)在小组内比一比吗?别忘了安全哦!

我的记录纸

1. 谁的气球飞得高?
2. 谁的气球在空中停留时间长,飞得远?
3. 谁的气球飞出后,能落在距指定地点最近的地方?

❓ 通过玩气球,你发现了什么?还想知道什么?

4. 你能按下面的步骤做一做吗?

材料：吹塑纸、双面胶、铅笔气球。

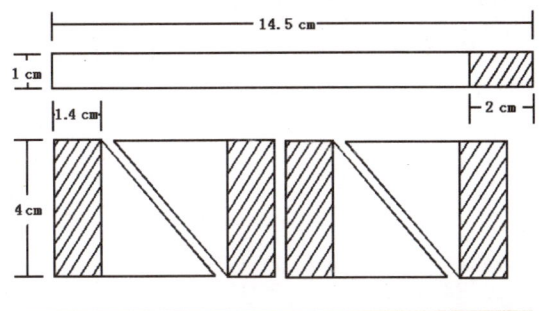

将吹塑纸画好尾翼等部分，并将斜线部分贴上双面胶，依线条裁剪。（规格仅供参考，可依实际需要做适度调整）

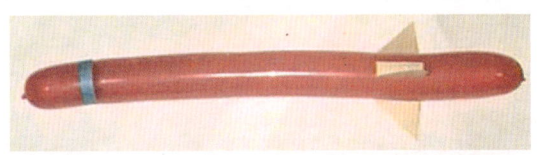

将铅笔气球吹好。并将裁剪下来的尾翼等部分黏贴上即完成。

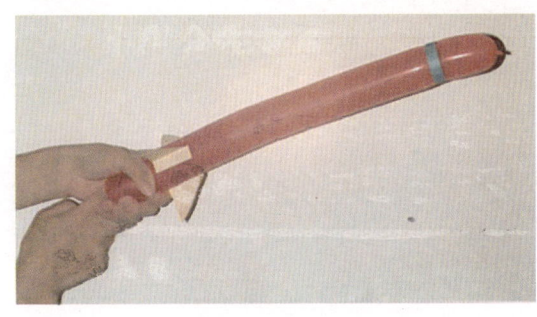

发射时可用一手持气球火箭尾端，另一手轻拍底部即可发射。亦可利用气球本身的弹力将气球火箭弹出。

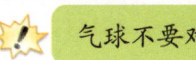
气球不要对准人。

5. 除了上述的铅笔气球火箭外，我们还可利用反冲原理这样设计气球火箭。

材料：气球1只、长线1根、饮料吸管1根、玻璃胶带纸。

（1）用吸管、气球和玻璃胶带纸做一个简单的气球火箭。
（2）把气球火箭上的吸管穿在一根绷紧的长线里。
（3）利用气球内的空气为动力，使火箭沿着长线飞行。要求飞得越快、距离越远越好。

把玩气球的经过写一写或画一画。

 书籍：《奇妙的物理世界》
网址：欢乐气球网　http://www.balloon.com.tw

序号	评价内容	自我评价	小组评价	教师评价
1	知道如何控制气球的运动方向和速度。			
	理解如何控制气球的运动方向和速度。			
2	能进行气球小火箭的制作。			
	能用多种方法进行气球小火箭的制作。			

航　空

认识飞机（一）

飞机是人类20世纪所取得的最重大的科技成就之一。与其他交通工具相比，飞机的优点是快捷与机动。

💡 看一看下面两幅图，说一说它们有什么相同之处。

它们都会飞！

它们的身体都是……

1. 你知道它们的结构吗？

 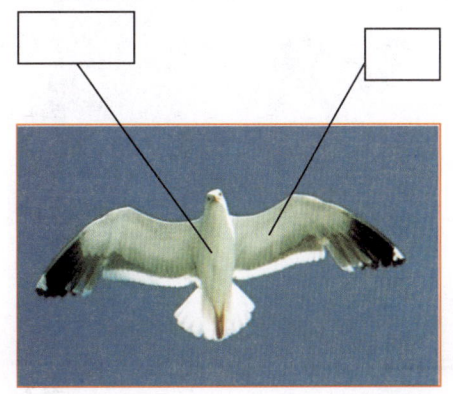

航天　13

2. 你见过这些飞机吗？

隐形飞机

水陆两用飞机

（　　　）

（　　　）

（　　　）

（　　　）

? 你还知道哪些飞机呢？

你想折一架纸飞机吗？那就动手吧！
准备一张厚一点的纸，按下面的步骤做一架纸飞机，好吗？

1. 纸飞机

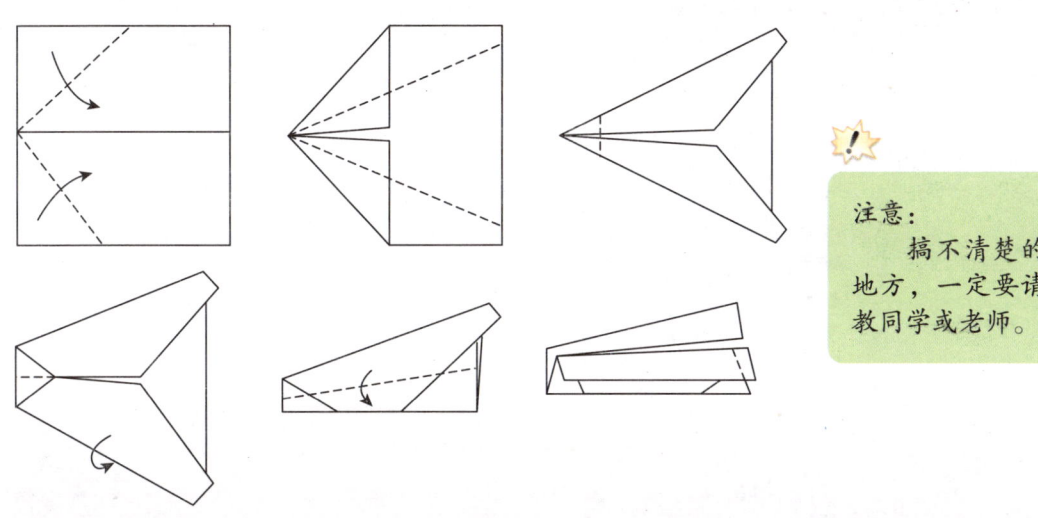

注意：
　　搞不清楚的地方，一定要请教同学或老师。

2. 乌贼型飞机的折法

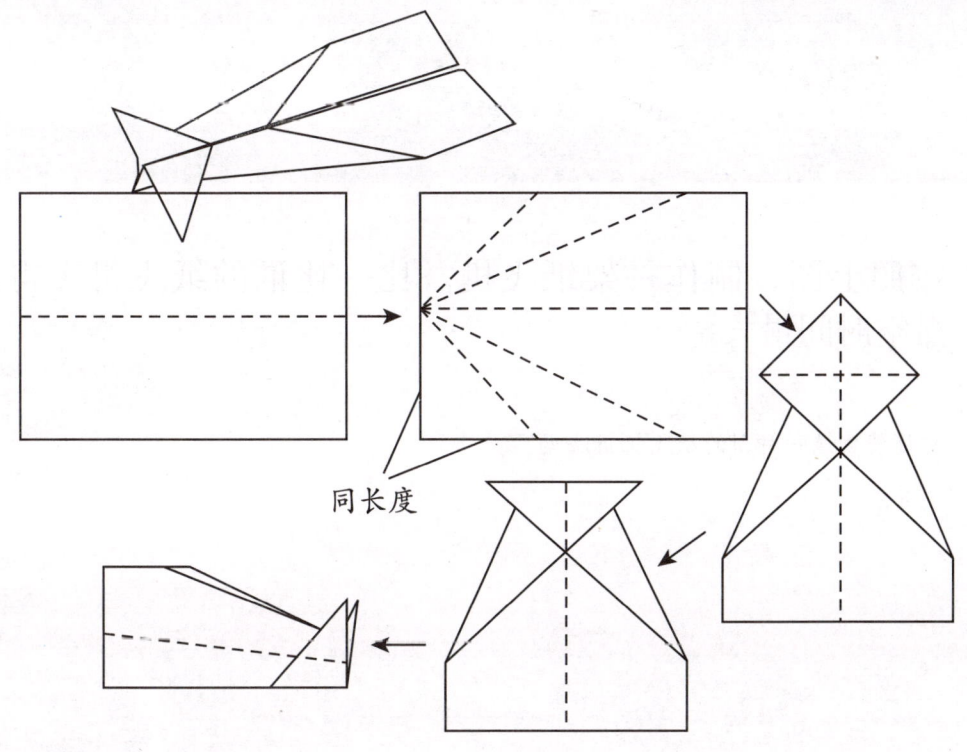

同长度

到操场上去，放飞你的纸飞机，比一比谁的纸飞机飞得更高、更远！

由英国的年轻科学家组成的设计小组制作出了他们认为最完美的纸飞机。这种纸飞机的飞行距离可超过30米，滞空时间在20秒左右。

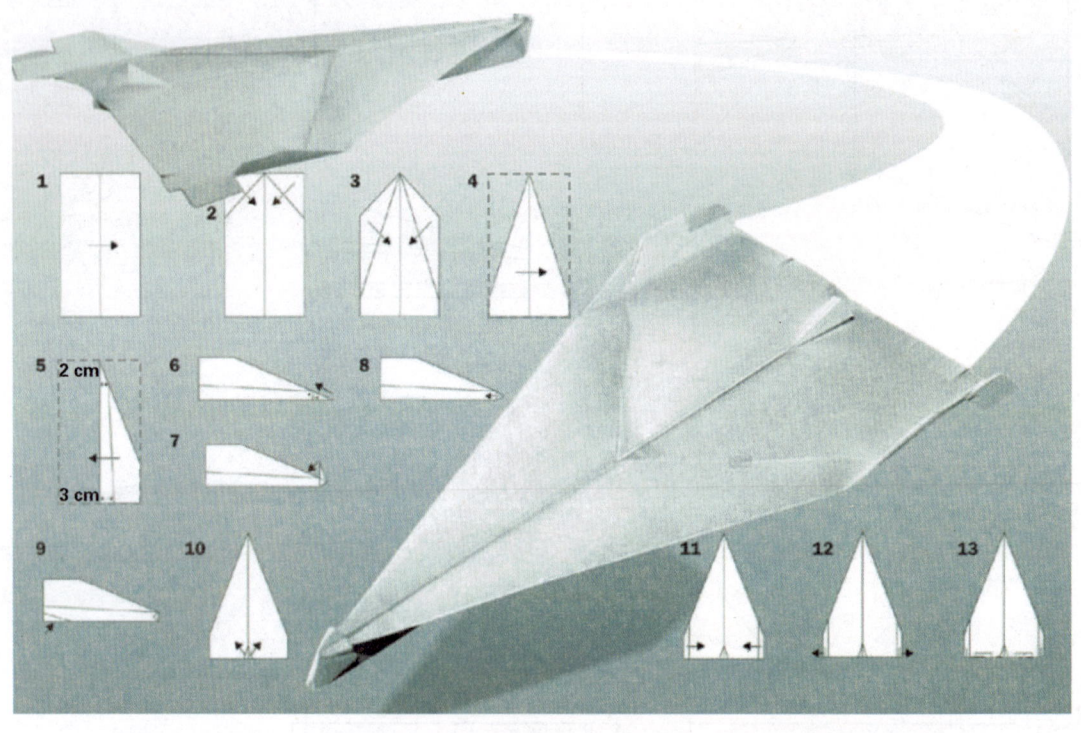

按照上图，制作一架纸飞机。比一比谁的纸飞机飞得最远，滞空时间最长。

 你还能创造一种新的纸飞机折法吗？

你认为飞机还可能是什么样的,想象一下,把你设计的飞机画下来!

和其他同学,一起交流,你会有更多的收获!

书籍：《现代飞机——口袋里的小百科（第二辑）》
网址：航空在线　http://www.aviationnow.com.cn

序号	评价内容	自我评价	小组评价	教师评价
1	认识了5种不同的飞机。			
	认识了5种以上不同的飞机。			
2	能制作纸飞机，设计的飞机比较合理。			
	制作的纸飞机比较精美，设计的飞机比较新颖。			
	制作的纸飞机能够飞行，设计的飞机富有创意。			
3	在制作、设计过程中能与别人合作探究。			
	在制作、设计过程中能主动与别人合作探究。			
	在制作、设计过程中能引领大家合作探究。			

认识飞机（二）

飞翔，是人类自古以来的梦想，人类为之探索奋斗了上百多年。

💡 看一看下面的"飞机之最"，想一想，你还知道哪些优秀的飞机呢？把你收集到的资料与其他同学进行交流。

世界上飞得最快的飞机是高超音速飞机X-43A，其最高时速纪录超过一万千米。

目前世界上最大的运输机是安-225，它不仅占据体积最大的运输机的世界纪录，载重量也是最大的。

世界上首架可载500多人的超大型客机空客A380，是目前载客量最大的民用客机。

"枭龙"，即FC-1战斗机，是中巴双方共同投资，由中国航空工业集团公司成都飞机工业（集团）有限责任公司等单位共同研制的，它是世界上第一种投入服役的使用DSI进气道的四代战斗机。

阅读下面的资料,告诉大家你的感受。

世界上最先发明真正意义上的飞机的是美国的莱特兄弟。

1903年秋,莱特兄弟成功制造出世界上第一架动力飞机"飞行者1号",实现了人类飞行的梦想。

1903年12月17日早晨,弟弟奥维尔·莱特驾驶着"飞行者1号"进行了世界上首次动力飞行。这次具有历史意义的飞行持续了12秒,飞行距离约36米。

中国最早的飞机设计师和飞行员冯如从1907年开始研制飞机。1909年9月21日,冯如驾驶自己设计制造的飞机,在美国奥克兰市附近的派得蒙特山丘上试飞,首次飞行取得成功。

如今人类不仅研制出各种性能优良的飞机,还将太空飞行作为主要探索目标,将探索领域从天空移向更深远的太空,未来人类航空史还会掀开新的一页。

请你用身边的材料做一架飞机模型。

（1）你准备用什么材料？需要哪些工具？
（2）小组内说一说你准备怎样制作。
（3）收集你制作所需要的材料。
（4）可以选择合作伙伴，分组制作。

 杂志：《世界航空航天博览》
网址：中国航空网　http://www.aerochina.com.cn

序号	评价内容	自我评价	小组评价	教师评价
1	知道飞机的发明者和发展史。			
2	能制作飞机模型。			
	制作的飞机模型比较精美。			
	制作的飞机模型富有创意。			
3	在制作纸飞机的过程中能克服困难。			
	在制作纸飞机的过程中能帮助别人克服困难。			

航　海

各种各样的船

💡 你认识下面这些船吗？

（　　）

（　　）

（　　）

（　　）

（　　）

（　　）

（　　）

(　　)　　　　　　(　　)

? 你还知道哪些船呢？

船可以用来干什么？

可以用来旅游、打仗。

还可以载人、装货。

……

 阅读与船有关的童谣。

小白船

蓝蓝的天空银河里，
有只小白船，
船上有棵桂花树，
白兔在游玩，
桨儿桨儿看不见，
船上也没帆，
飘呀！飘呀！飘向西天。

划小船

划呀划，划呀划，
划小船，
小船划到黄河边，
握紧桨来用力划，
一划划到天边边，
天边边，哎哎。

学着做小船,看谁做得棒!

小船

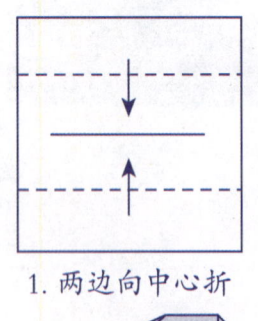

1. 两边向中心折

2. 向前折四角

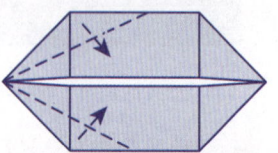

3. 两角向中心折

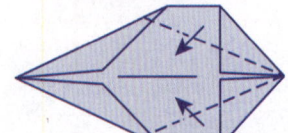

4. 两角向中心折

5. 两角向中心折

6. 向后对边折

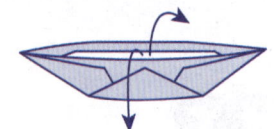

7. 把里面翻到外面

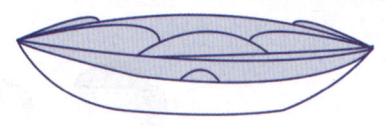

8. 完成

乌篷船

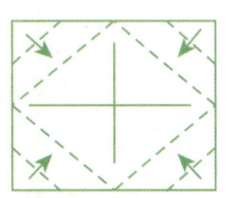

1. 将小三角形的角折到里面的虚线上

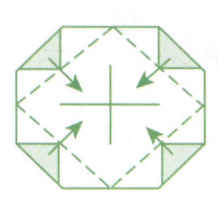

2. 从四边再向内折

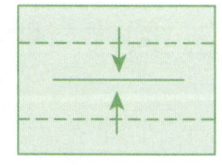

3. 翻过来,两边向中心折

4. 折起四角

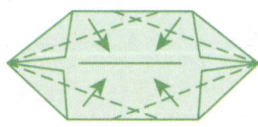

5. 向中心线折

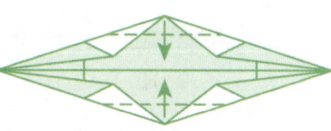

6. 向里面折

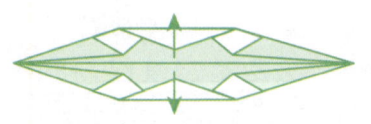

7. 从中心线的地方拉开,把里面翻到外面

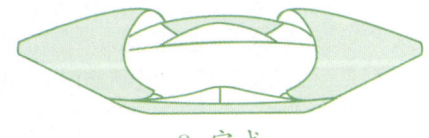

8. 完成

军舰

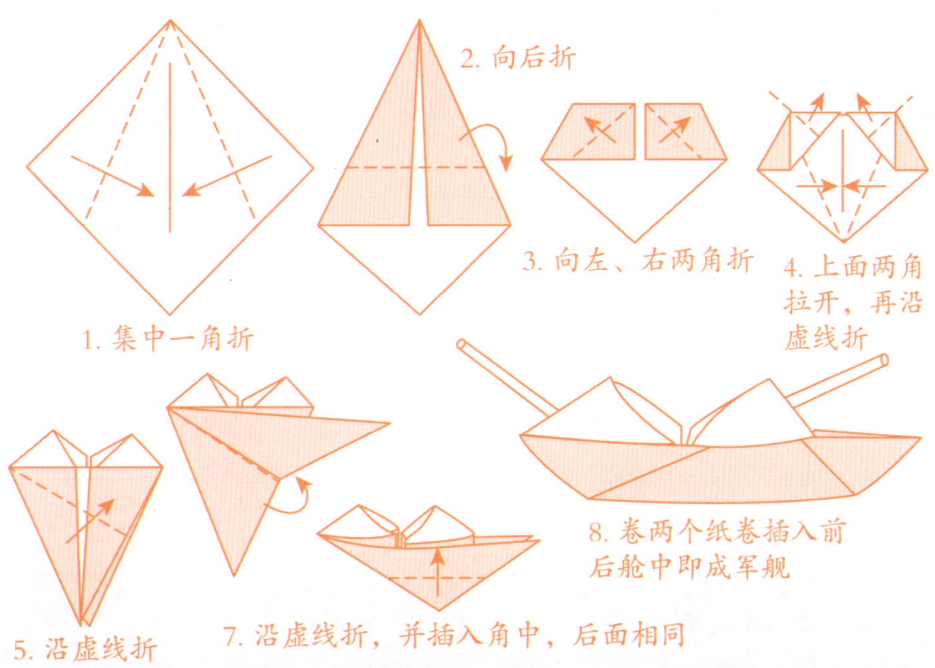

你还会用其他的方法折纸船吗？快来露一手。

 想一想自己喜欢的船儿是什么样的，并把它画下来。别忘了用上喜欢的颜色哦！

杂志：《舰船知识》
网址：中国舰船网　http://www.cnshipnet.com

序号	评价内容	自我评价	小组评价	教师评价
1	认识了5种不同的船。			
	认识了5种以上不同的船。			
2	能制作纸船，设计的船比较合理。			
	制作的纸船比较精美，设计的船比较新颖。			
	制作的纸船十分精美，设计的船富有创意。			
3	在制作、设计过程中能与别人合作探究。			
	在制作、设计过程中能主动与别人合作探究。			
	在制作、设计过程中能引领大家合作探究。			

船的演变

1. 你知道船是怎么发展来的吗？试着给下面的图排排序。

2. 人们根据用途把船分为民用船和军用船两大类。

民用船只

客轮

货轮

河道保洁船

渔船

消防船

挖泥船

军用船只

补给舰

炮艇

导弹艇

护卫舰

潜水艇

航空母舰

 想一想，这些船还有其他分类方法吗？

阅读下面的材料，对你会有帮助。

远古的时候，人们看到倒在水中的树木能在水中漂浮，就想到可以借助木头到水上活动。于是人们把大树砍倒，将树干中间掏空，把它放在水中，人坐在里面，用手或树枝划水，这就是最早的独木舟。

后来人们又逐步学会了就地取材，制造简单平稳、装载面积较大的筏，如木筏、竹筏、皮筏等，后来又出现了木板船。随着长期航行的实践，人们又创造了利用风力行驶的帆船。后来人们发现用竹、木制造的船不够坚固，容易腐烂，于是开始用钢板造船。船越造越大，装的货越来越多，只靠风力不行，于是人们又把蒸汽机和内燃机装到船上，靠机器的力量推动船航行。

你最想对聪明的人们说的一句话是_____
_____
_____
_____

 做竹筏。

材料： 芦苇（或高粱秆、细竹等）、细绳、剪刀。

步骤：（1）把芦苇剪成15厘米长。

（2）将芦苇并排放好，并用细绳绑紧。

（3）放在水中试航，成功了吗？

（4）还有什么不足的，改进一下。

书籍：《史努比儿童百科全书》
网址：亚东军事网　http://www.warchina.com

序号	评价内容	自我评价	小组评价	教师评价
1	基本了解船的演变与分类。			
	比较了解船的演变与分类。			
	十分熟悉船的演变与分类。			
2	制作的竹筏比较精美，试航效果一般。			
	制作的竹筏精美，试航效果较好。			
	制作的竹筏精美有创意，试航效果很好。			
3	在制作、设计过程中能与别人合作探究。			
	在制作、设计过程中能主动与别人合作探究。			
	在制作、设计过程中能引领大家合作探究。			

走进车世界

 仔细观察下面的图，说一说它们的名字。

你还知道哪些车呢？

如何给车辆分类呢？

根据轮子的多少来分。

根据车的用途来分。

……

选择一种方法，给上面的车辆分一分类，并和其他同学做一个交流。

这些古怪的车，你以前见过吗？

 读儿歌。

洒水车

呜呜呜，呜呜呜，
哪里来的大喷壶？
走一路，喷一路，
地上洒满小水珠。
洗街道，冲马路，
清凉世界好舒服。

车儿歌

什么车儿山上爬？
什么车儿钻地下？
什么车儿梳辫子？
什么车儿牵娃娃？
缆车朝着山上爬，
地下火车钻地下，
电车头上梳辫子，
拖车身后牵娃娃。

 你还知道哪些有关车的儿歌或童谣呢？

游戏：红灯停　绿灯行

小朋友——灰、黑两线，代表往来的汽车。
老师——红绿灯，控制汽车通行。

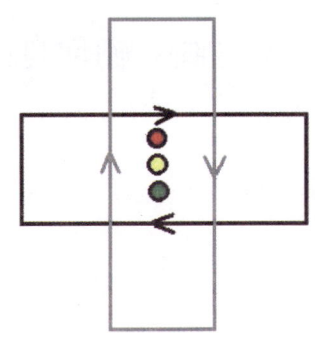

1. 收集一些玩具车，带来和同学们玩一玩。
2. 收集有关车的图片。

我到图书馆找一找。　　我到挂历上找一找。

3. 请你对照着下图折一辆小轿车，比一比，看谁做的小轿车最漂亮！

小轿车

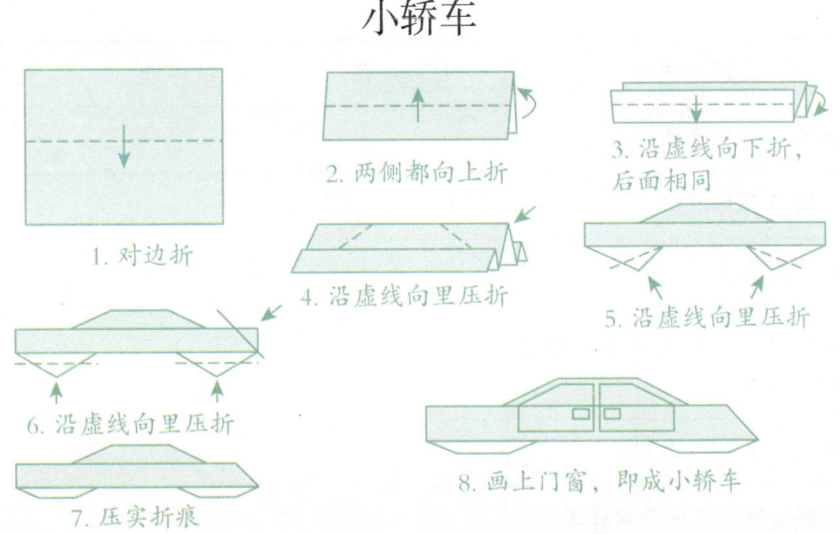

1. 对边折
2. 两侧都向上折
3. 沿虚线向下折，后面相同
4. 沿虚线向里压折
5. 沿虚线向里压折
6. 沿虚线向里压折
7. 压实折痕
8. 画上门窗，即成小轿车

 你还有别的折法吗？

画一辆你自己喜欢的车,并说一说这么画的理由。

 书籍:《雨汽车》

序号	评价内容	自我评价	小组评价	教师评价
1	会按一种标准给汽车分类。			
	会按多种标准给汽车分类。			
2	能读关于汽车的童谣或儿歌。			
	能有感情地读关于汽车的童谣或儿歌。			
3	能设计并制作车模。			
	能创造性地设计并制作车模。			

做小车

 阅读下面的短文。

1. 最早的自行车。

1790年法国的西夫拉克伯爵将两个轮子装在"木马"上，研制成没有车把、脚蹬、链条的木制自行车，称做木马轮。

2. 最早的摩托车。

第一辆由内燃机驱动的两轮车是1885年由德国的戈特利布·戴姆勒制造的，其车架是用木头制成。

3. 最早的汽车。

汽车诞生之前，马车就是人类最好的陆上交通工具。1769年，法国人尼古拉斯·古诺将蒸汽机装在板车上，制造出第一辆蒸汽板车，这是世界上第一辆利用机器为动力的车辆。

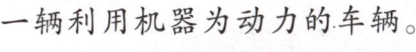

1886年德国工程师卡尔·弗里特立奇·本茨制成一辆装有0.89马力（1马力=735.5瓦）汽油发动机的三轮车。同年，德国另一位工程师戈特利布·戴姆勒也发明出了一辆用汽油发动机作动力的四轮汽车。他们俩被公认为现代汽车工业的先驱者。

4. 自行车尾灯的作用。

自行车尾灯夜间发出的红光，可以有效地提示后面的车辆，避免交通事故的发生，保障我们的安全。

但是，自行车尾灯是靠什么发出红光的呢？尾灯内究竟有没有灯泡呢？答案是否定的。自行车尾灯发红光是利用了光的反射原理。自行车尾灯由相互垂直的红色平面镜组合而成，在夜间，路灯、探照灯、霓虹灯以及各种车辆的灯光照射到自行车尾灯上，就会发生光的反射现象，我们就会看到了光，并觉得光好像是从尾灯内发出的。又因为自行车尾灯自身的颜色是红色的，有色的不透明体反射与它颜色相同的光，所以无论何种颜色的光射到尾灯上，它只反射红光，我们看到的光就是红色的了。

现在你知道了吗？利用光的反射原理设计而成的自行车尾灯，不仅保障了我们的行车安全，而且节省了能源，减少了污染，真是一举多得。

1.制作烟盒小汽车，比一比谁做的小车最漂亮。

（1）取一只硬壳香烟盒，用剪刀剪开。

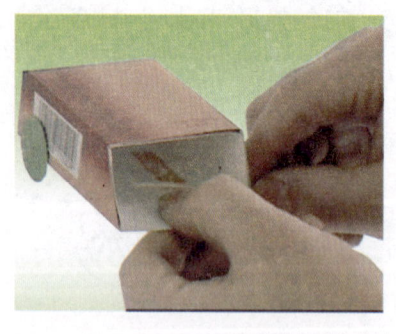

（2）取一张厚卡纸，剪下四个一样大小的圆做轮子。
（3）用两根竹签分别插入四只轮子的圆心，固定在烟盒底部。

（4）这样，一辆小汽车就做成了。

 小心别让竹签弄伤手哦！

2. 做回力小车，比一比谁的回力小车行驶得最快最远。

3. 身边还有什么东西可以做成小车呢？

我想用卡纸来做小车。

我可以用塑料瓶做小车。

还可以用……

动手前先思考该如何利用材料做小车。

 对于车，你还有什么问题吗？

问题清单：车由几部分组成呢？

车模

书籍:《汽车百科全书》

序号	评价内容	自我评价	小组评价	教师评价
1	知道自行车尾灯的作用。			
	理解自行车尾灯的制作原理。			
2	能制作比较合理、精美的烟盒小汽车。			
	制作的回力小车能很好地行驶。			
3	在制作过程中能产生好奇心并主动去探究。			
	在设计过程中能与同学合作探究,具有良好的团队精神。			

航模综合实践活动　**中篇**

航 天

降落伞

夏天，走在田野里，随手采一枝蒲公英，吹一口气，看蒲公英的种子被风吹散，就像一个个小降落伞带着一个个小精灵自由飞翔。这情形和在电影电视里，伞兵们带着降落伞从飞机上跳下是一样的。想不想自己做个袖珍降落伞呢？

看一看下面的降落伞，说一说它们由哪些部分组成。

神舟七号降落伞

星球探测降落伞

航天 41

新一代降落伞为小型飞机保安全

新型超低降落伞

飞行跳伞表演

娱乐休闲降落伞

降落伞主要由伞衣、伞绳、引导伞、背带系统、伞包和开伞装置等部分构成。

为什么不同的降落伞着地会有先后呢？

我认为和伞面的大小有关。

我认为和伞绳的长短有关系。

我认为挂的物体越轻……

不妨以小组为单位，选取其中的一个主题深入研究一下。

研究的问题	
我们的猜想	
研究的步骤	
实验记录	
我们的结论	
其他收获	

 阅读下面的短文。

降落伞是凭借空气阻力使人或物体从空中缓慢下降着陆的伞状器具。

中国是原始降落伞的发源地。史学家司马迁在《史记·五帝本纪》中记载过这样的故事：舜为了从着火的粮仓上逃生，急中生智，抓住两个斗笠从仓顶跳下，安全落地。日本1944年出版的《落下伞》一书中介绍：由北京归来的法国传教士发现如下文献，"1306年皇帝即位大典中，杂技师用纸做的大伞，从高墙上跳下来，表演给大臣看"。1977年出版的《美国百科全书》中也写道："一些证据表明，早在1306年，中国的杂技演员们便使用过类似降落伞的装置。"

18世纪30年代，随着气球的问世，为保障空中人员的安全，降落伞进入了航空领域。飞机问世后，降落伞又被改进。1911年出现了折叠方式的降落伞，它被放置在机舱内，用以保障飞行人员安全；1914年，这种降落伞开始装备给轰炸机的空勤人员。因为有了降落伞，空降兵才能成为神秘的"天兵天将"。为了实现"从天而降"的梦想，人类付出了无数艰辛。

一直以来，在人们的意识里，只有飞行员才会配备有降落伞，但给飞机装上一个降落伞恐怕许多人仍然不敢想象。然而，在科技高速发展的今天，这已经成为了现实，一种专门为轻型飞机设计的手动展开降落伞出现了。据介绍，带有整机机体降落伞的飞机一旦发生故障，驾驶员或乘客扳动救生手柄，机体降落伞就会被火箭弹射器发射打开。这时，整架飞机就会被吊在降落伞下徐徐向地面降落。

目前，我国使用的飞机降落伞主要是超轻型飞机自动弹射的一种降落伞，神舟飞船着陆用伞就是我国自行研制的目前独一无二的巨大降落伞，它获得了"中华第一大伞"的美誉。

 让我们制作一个降落伞吧！

材料：手绢、重物（橡皮泥、小铁圈等）、4根细绳。

 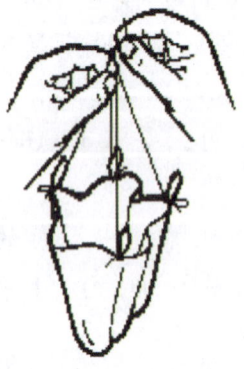   

在手绢的4个角上拴上绳　　在绳上拴上重物　　把伞叠起来以减小空气阻力　　放飞降落伞

降落伞看起来简单，只是一块布下面系着几根绳子，其实这里面的学问可多了，不同用途的降落伞，无论尺寸、样式都不相同。真正的降落伞是要经过精心设计和计算的，我们自己做的降落伞虽然没那么复杂，但制作时也应注意几个问题。

首先准备一块稍厚些的方形手帕，将四个角用棉线系牢，再将棉线用重物坠在一起。用剪刀在小降落伞的顶部剪一个小洞，站在高处，放飞你做的降落伞，看看效果如何。

> 不要小看这个洞，它是降落伞下落时保持稳定的关键所在，如果洞开大了，则空气阻力将不足，下落速度会太快，而如果洞开小了，则起不到稳定的作用，降落伞将在下落过程中摇摆。

比一比谁的降落伞滞空时间最长。

> 千万不要在高压线附近或者人多的地方进行活动。

考考你：把一个鸡蛋从四楼扔下，如何保证鸡蛋完好无损？

实验材料	
实验方法	
注意事项	
改进措施	
实验结论	

书籍:《100年科技大突破》
网址:学生科技网　http://www.student.gov.cn

序号	评价内容	自我评价	小组评价	教师评价
1	知道降落伞的发展史。			
	理解降落伞的发展史。			
2	能制作一种降落伞。			
	能制作各种各样的降落伞。			
3	比赛过程中能与他人合作。			
	比赛过程中能主动与他人合作。			

长征火箭

中国是火箭的故乡。

明朝时期，有一位名叫万户的人，曾让人将47只火箭和自己一起绑在椅子上，自己两手各拿一只大风筝，试图借助火箭的推力和风筝的升力飞行。虽然试验以失败而告终，但他可以称得上是人类航天史上第一个用火箭作动力飞行的人。为表彰这位先驱者的勇敢探索，国际天文联合会将月球上一座环形山命名为"万户"山。

 读完这个故事，你有什么感想？

看一看下面的这些古代火箭，说一说它们有什么相同之处。

一窝蜂

神火飞鸦

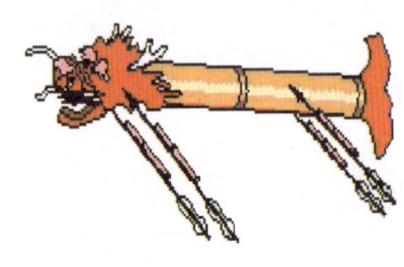

火龙出水

你知道火箭的结构和原理吗？

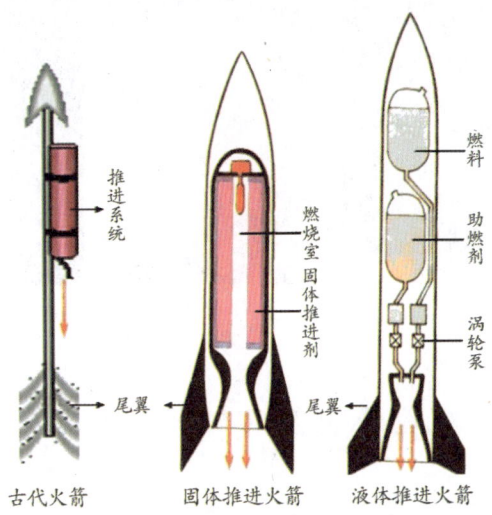

古代火箭　　固体推进火箭　　液体推进火箭

古代火箭的原理和爆竹的原理是一样的。火箭推进系统（火药筒）点火以后，推进剂（火药）通过燃烧，产生大量高压燃气；高压燃气从火药筒内高速喷出，对火箭产生一种反作用力，就使火箭沿燃气喷射的反方向前进。火箭推进原理依据的是牛顿第三定律：作用力和反作用力大小相等，方向相反。

现代火箭的构造比古代火箭复杂多了，除了燃料、发动机外，还有控制火箭飞行、使火箭按照程序转变的控制系统，以及监测火箭飞行的测控系统等。

你见过这些火箭吗？

侦察兵火箭

彗星号火箭

H2A 火箭

宇宙神火箭

航天　49

  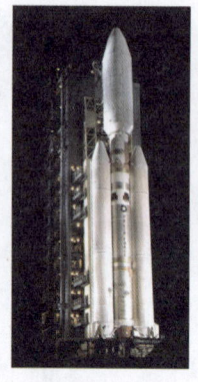 

东方红火箭　　　　质子号火箭　　　　大力神火箭　　　　土星火箭

你认识下面的模型小火箭吗？

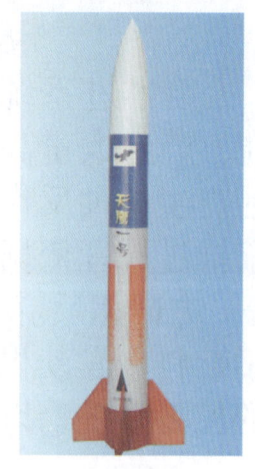 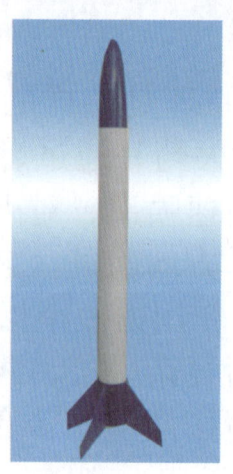 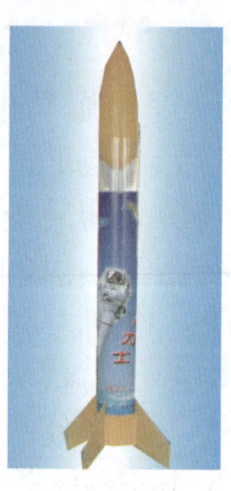 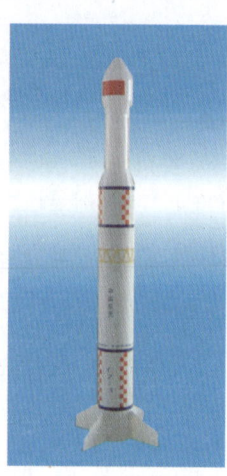

天鹰一号　　　　　　神箭　　　　　　　小力士　　　　　　长征三号

自制小火箭

读一读下面关于火箭的故事。

古代火箭主要被用作军事武器，无法将人送入太空。

1926年，美国科学家戈达德成功发射世界上第一枚液体燃料火箭，虽然它只飞行了2.5秒，上升高度只有12米，但它却是现代火箭的一个健康的胎胚。

20世纪40年代初，德国人布劳恩领导研制的V-2火箭，虽是一种作战武器，但它却宣告了现代火箭的诞生。

1957年10月4日和1961年4月12日，苏联火箭专家科罗廖夫研制的火箭，分别将人类的第一颗人造地球卫星和第一名航天员送入太空轨道，由此树立了载人航天的新的里程碑。

现代火箭的分类：

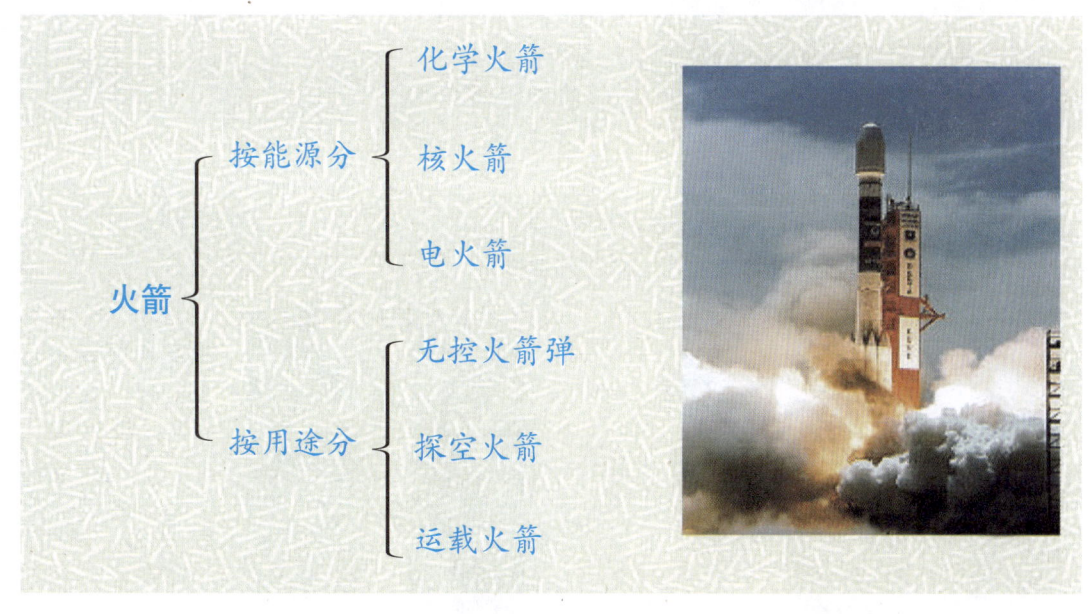

你知道中国的长征火箭吗?

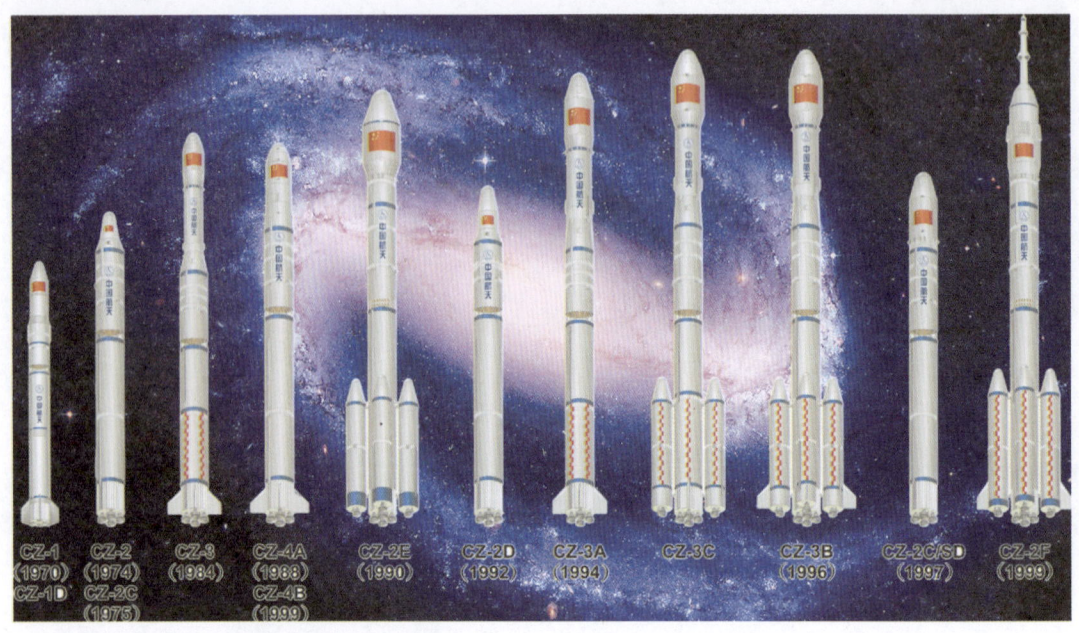

1970年4月24日,长征1号运载火箭首次发射成功,将中国的第一颗人造卫星"东方红1号"送入轨道。

2011年9月29日,全长52米的长征-2FT1火箭把重达8.5吨的"天宫一号"送入太空。

长征5号火箭是中国自制的大火箭,直径达5米,比中国长征2号、长征3号系列火箭提升约一倍。预计2015年底在海南发射。

你想知道长征火箭的更多知识吗？不妨以小组为单位，选取其中的一个主题深入研究一下。

研究主题	
人员分工	
研究步骤及方法	
研究成果	
心得体会	

让我们制作一个水火箭吧!

材料:

类似大号塑料洗洁精空瓶1只,200 mm×150 mm卡纸1张,白胶,即时贴。

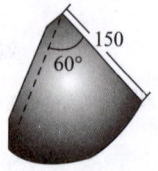

1. 在卡纸上按图画下火箭的箭身。

2. 剪下箭身,卷折成一个锥体。

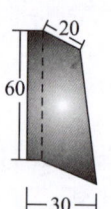

3. 在余下的卡纸上画尾翼,画3个。

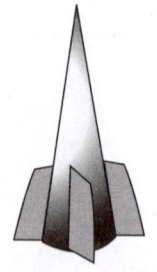

4. 将尾翼等距离粘贴在火箭筒圆锥体的下端。

5. 将做好的小火箭套在作为发射台的洗洁精瓶瓶口上,手捏瓶身,火箭立刻"嗖"的一声窜上空中。

> 发射时别对着别人。

如果你对水火箭有兴趣,并敢于挑战,请按下面的步骤再制作一个吧!

材料:

1.25升雪碧瓶两个、喷嘴、打气筒(附压力表)、发射架、美工刀、剪刀、尺、切割垫、强力胶、绝缘胶带(电火布)、双面胶。

> ⚠ 请保持火箭的箭身是一直线。

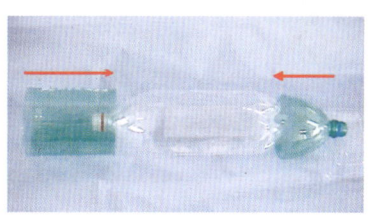

1. 准备两个1.25升（大小相同）的雪碧瓶。

2. 将其中一个雪碧瓶分割成三部分，将瓶口及中段留下。

3. 将留下的瓶口及中段分别套上另一雪碧瓶的底部及瓶口，记得涂上黏着剂，并用绝缘胶带固定。

> ⚠ 涂上黏着剂并用胶带确实固定。未平均分配或未固定会影响火箭行进的方向。

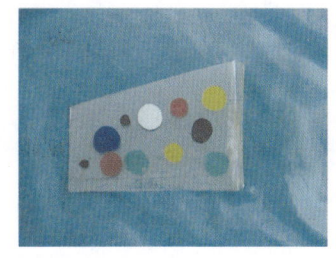

4. 利用厚透明胶片或有机玻璃板制作尾翼四片，并将其平均分配固定在火箭的后半部。

5. 套上火箭头及喷嘴，准备展翅高飞了。

6. 在发射架上准备发射。

书籍:《向太空的长征》《通向太空之路》
网址:中国运载火箭技术研究院 http://www.calt.com

序号	评价内容	自我评价	小组评价	教师评价
1	知道火箭的种类、结构和原理。			
	理解火箭的种类、结构和原理。			
2	能对长征火箭这个主题进行研究。			
	能对长征火箭这个主题进行比较详细的研究。			
3	能独立思考并完成任务。			
	能主动帮助同学完成任务。			

航 空

竹蜻蜓与直升机

直升机被广泛地运用于当今社会的各个领域。

观察下图中各种各样的竹蜻蜓，并阅读关于竹蜻蜓的故事。

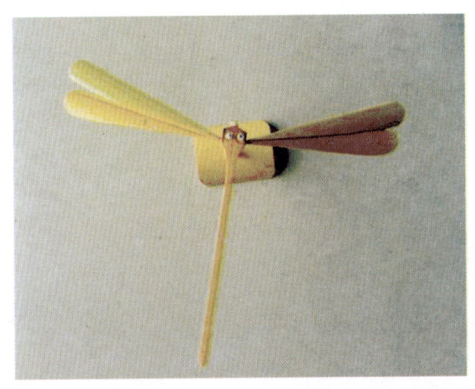
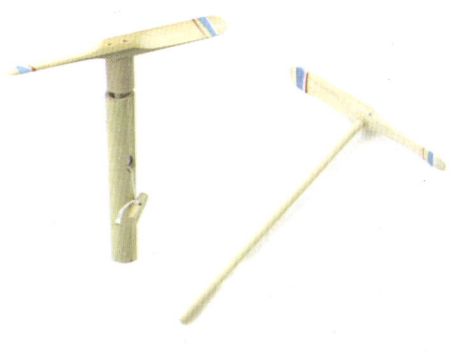

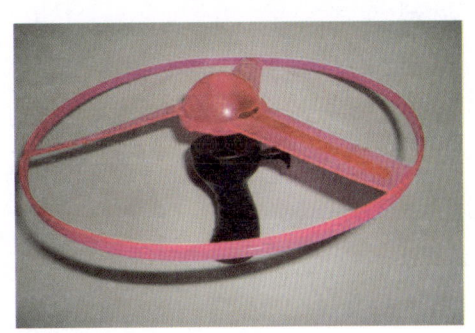

从对大自然中蜻蜓飞翔的观察中受到启示，公元前500年，中国人制成了会飞的竹蜻蜓，两千多年来，这一直是中国孩子手中的玩具。公元17世纪，吴县有一个巧匠徐正明，他整天琢磨小孩玩的竹蜻蜓，想制造一个类似蜻蜓的"飞车"，并且想把人也带上天空。经过十多年的钻研，他造出了一架"飞车"。它有一个竹蜻蜓一样的螺旋桨，驾驶座像一把圈椅，依靠脚踏板通过转动机构来带动螺旋桨转动，试飞时候，它居然飞离地面一尺多高，还飞过一条小河沟，然后落下来。

回去问问你的爸爸妈妈或者爷爷奶奶，他们小时候是怎样玩竹蜻蜓的，他们还玩过哪些玩具。

 想自己动手做一个会飞的"蜻蜓"吗？请按照下面的步骤试一试。

材料：

（1）长15厘米、宽2厘米、厚0.6厘米的削平竹片或轻质木片一块。

（2）小竹棒一根（长约15厘米）。

（3）小锯子一把、小刀一把、直尺一把、手摇钻一把和快干胶水。

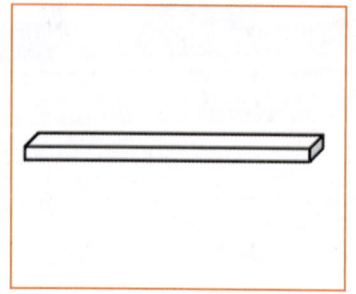

步骤：

（1）取轻质木块一块，用锯子等工具把它加工成长15厘米、宽2厘米、厚0.6厘米的木片。

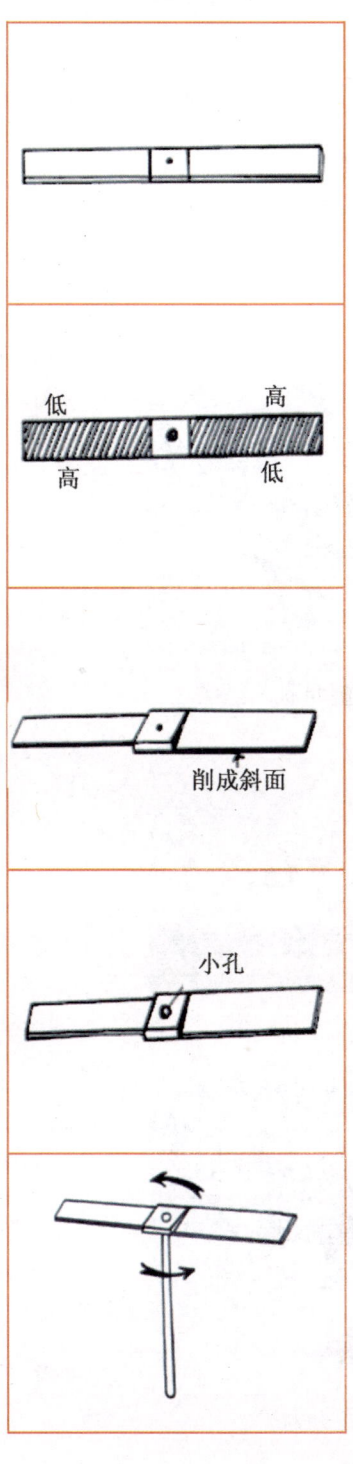

(2) 用直尺测量木块中心点，并用笔在中心点做一记号，然后在中心点两边约1厘米处画一条线（木块的上下面都要画）。

(3) 将画斜线的部分用小刀削成斜面：用小锯子在画线的上下部分各锯出一条锯缝。
① 要求左侧的上锯缝"外低内高"，下锯缝"外高内低"。右侧的上锯缝"外高内低"，下锯缝"外低内高"。低端的一条锯缝深度为离开木片底面0.2毫米。
② 用小刀从中心点的锯缝向外侧削去多余木料。

> 用小刀一定要注意安全！

(4) 在木块的中心位置用手摇钻打一个小孔。

(5) 取一支长约15厘米的木棒，上端削成合适大小，插入竹片中心孔中，再滴上快干胶水。这样一个会飞的竹蜻蜓就做好了！

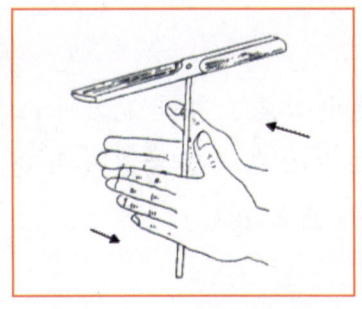

(6)搓动竹蜻蜓下端的竹棒进行试飞。

比一比谁的竹蜻蜓飞得高。

 你见过下面这些直升机吗?

运输直升机

武装直升机

侦察直升机

警用直升机

救护直升机

起重直升机

 你知道直升机有哪些用途吗?直升机与其他飞机有什么不同?

各种各样的遥控直升机。

飞蜓遥控直升机

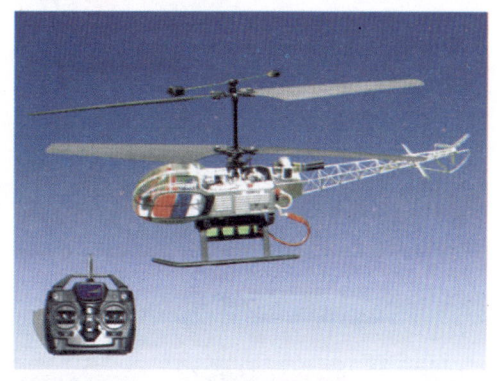

遥控双翼直升机

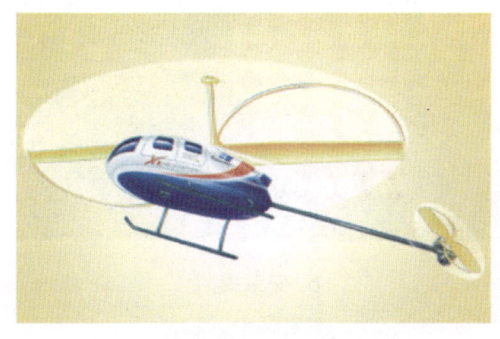

两通道遥控直升机

六通道3D电动遥控直升机

 让我们一起动手制作一架简易的橡筋动力直升机模型吧。

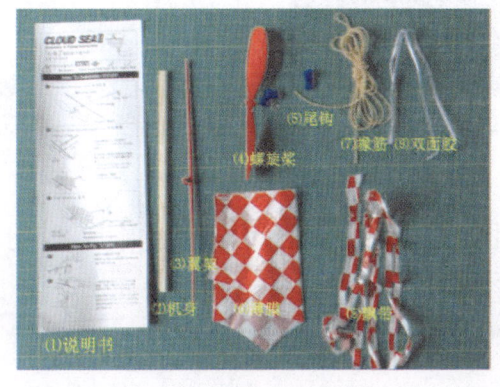

1. 整理材料

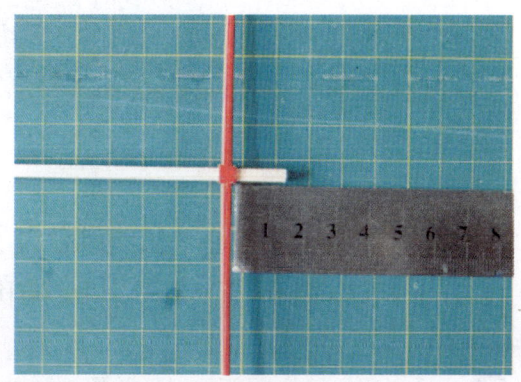

2. 安装翼架

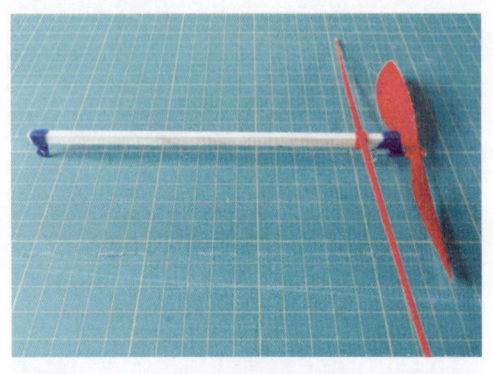
3. 安装桨钩

4. 薄膜贴胶

5. 粘贴机身

6. 安装尾带

7. 安装橡筋

到操场上,比一比谁的直升机在空中停留的时间更长。你成功了吗?请你总结一下成功的经验!

 是不是橡筋动力直升机越轻它飞得越高呢?

书籍：《快易纸模系列交通工具类：直升飞机》

序号	评价内容	自我评价	小组评价	教师评价
1	认识多种不同的直升机。			
	认识多种不同的直升机，还知道它们的原理。			
2	在老师与同学的帮助下制作竹蜻蜓。			
	能独立制作竹蜻蜓。			
	在制作竹蜻蜓时能给予同学帮助。			
3	制作的竹蜻蜓和橡筋动力直升机模型效果一般。			
	制作的竹蜻蜓和橡筋动力直升机模型效果较好。			
	制作的竹蜻蜓和橡筋动力直升机模型效果理想。			

橡筋动力模型飞机

橡筋动力模型飞机是靠储存在橡筋内的能量带动螺旋桨旋转产生动力而上升的模型飞机,橡筋动力用完后,模型滑翔下降。根据所用橡筋的多少分为初级橡筋、一级橡筋、二级橡筋等级别。

 边认识飞机边清点一下你的材料是否完整无缺!让我们制作一架橡筋动力模型滑翔机吧。

橡筋动力模型滑翔机的结构:
(1)机头、(2)机身、(3)前机翼、(4)水平尾翼、(5)垂直尾翼、(6)橡筋、(7)机轮。

组装:

橡筋动力飞机各部分已经加工好,所以组装比较简单。

(1)将机身(长木条)前部分穿过机翼座位(如木条太紧,用砂纸沿着木条均匀摩擦一两次)。然后将机身后半部分插入尾座,尾座钩朝后。

(2)把两块前机翼用双面胶粘贴在机翼座上,使两块机翼左右对称,机翼圆弧一边向前。把机翼压板覆盖在它的上面,然后用橡筋圈把机座和压板固定。

(3)用双面胶把水平尾翼、垂直尾翼粘贴于机身尾端,圆弧部分向前,水平尾翼两边对称。

(4)用机轮的钢丝夹住机身的前端,再将机头(螺旋桨)套于机身前端。

(5)将橡筋打结,并用它使机头(螺旋桨)的钢丝钩与尾座的钩相连接,"结"应置于尾座钩的一方。

 橡筋可是飞机的"发动机",可别让钩子刮了口子!

调试：

要使航模在空中平稳飞翔，留空时间长，重心调节是关键。

重心调节方法一：

试飞后，通过移动前翼座的位置调节重心。飞机前倾，机翼座向后移；飞机后倾，机翼座向前移。直至平稳飞行为止，再将机翼座固定。

重心调节方法二：

将机身套上机头，粘贴好尾翼后用悬挂法或支撑法测出机体重心，用悬挂法测出前翼重心，将两重心重叠，再把机翼座牢牢固定在机身上。

如果飞机飞行时直线滑翔不转弯，可将垂直尾翼的方向舵略向左右弯一点，使飞机飞行时有一定的弧度，从而延长飞行时间。

试飞：

左手握住机身，右手转动机头（旋转150圈左右），拉紧橡筋后，用手轻轻向前一扔即可。

 航模飞行时的留空时间与机头旋转圈数、风向、飞行角度等因素有关。

 飞行角度与留空时间有关系吗？让我们来设计实验验证吧！

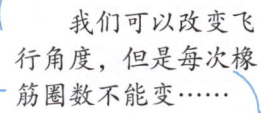

我们可以改变飞行角度，但是每次橡筋圈数不能变……

角度的确定可是个难题哦……

我认为同一个角度做三次，然后取平均数比较科学……

保持不变的条件有：

我们的分工：

试飞记录：

风态	飞行方位	飞行角度	留空时间（秒）			
			1	2	3	平均值
无风	任何方向					
有风	顺风					
	逆风					
	与风向垂直					

结论：无风时飞行角度_____最佳，有风时，应_____（填"顺"或"逆"）风飞行，飞行角度_____最佳。

做成功了吗？和其他小组的同学比一比！

你还获得了哪些经验？请写下来！

汤家中心小学航模队在2014年全国青少年模拟飞行锦标赛中，勇夺小学组团体亚军。

 这些就在你身边的小伙伴对你有什么启示？与他们交流，你会有更大的收获。

写一封感谢信给他们，好吗？

书籍：《快易纸模系列交通工具类：直升飞机》

序号	评价内容	自我评价	小组评价	教师评价
1	基本了解橡筋动力模型飞机的制作原理。			
	比较了解橡筋动力模型飞机的制作原理。			
	十分了解橡筋动力模型飞机的制作原理。			
2	能在老师与同学的帮助下制作橡筋动力模型飞机。			
	能根据要求自己动手制作橡筋动力模型飞机。			
	能帮助同学制作橡筋动力模型飞机。			
3	在制作、设计过程中能与别人合作探究。			
	在制作、设计过程中能主动与别人合作探究。			
	在制作、设计过程中能引领大家合作探究。			

船的动力

 你知道船是靠什么前进的吗？阅读下面的内容，了解一下动力的演变。

从前，船前进靠的是人力。

水沸腾后变成了蒸汽，膨胀的性能使它可以推动轮船的划水装置，从而使船前进。

帆船是靠风力的作用航行。

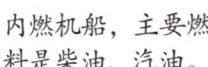

内燃机船，主要燃料是柴油、汽油。

核动力船利用核反应来获取能量，从而提供船航行的动力。

太阳能船实现了太阳能发电系统与船体的有机结合，在有太阳能的情况下由太阳能提供船的动力，在任何情况下均可由人工驱动船体。

阅读下面的短文。

关于螺旋桨的来历,有一段有趣的故事。早在1752年,有个瑞士科学家就设想过制造螺丝一样的螺旋桨,但一直没能付诸试验。到了1838年,一个英国人在试验他的一条船时,把船开到最高时速4节,突然,船底下传来一声巨响,他赶紧关掉机器下去查看,原来是用来作为螺旋桨的那根长长的螺丝绞到了一个玻璃瓶,被弄断了一大截。他想,无论如何,船还是得开回去。所以他重新发动了机器,没想到船飞快地跑了起来,时速竟然达到了13节。原来短的螺旋桨要比长长的螺丝状的螺旋桨更有效,更能产生推力。

1845年4月,英国建造的蒸汽动力、螺旋桨推进的"响尾蛇"号战舰与另一艘吨位和尺寸相同的明轮推进的战舰反方向"拔河"。经过多次复赛,螺旋桨推进的船取得了无可争议的胜利。从此螺旋桨推进器逐渐取代了明轮。

关于船的动力演变,你了解了多少?每种动力的优点与缺点各是什么?将你学到的知识写成科技小论文,字数不限。

 你能制作一只带螺旋桨的简易船吗?

材料:芦苇、2根橡筋、小木片、细绳等。

制作:

(1)将芦苇对折,成三角船头,中间用一根芦苇固定住。

(2)在船尾两端系上2根橡筋,中间穿上小木片叶桨板。

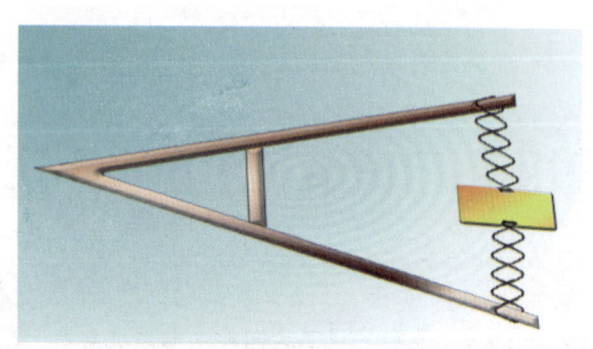

(3)旋紧橡筋几十圈以上,松手后装置上的螺旋桨就转起来,叶桨板拨动水,船模就可以航行了。

带上你的作品，去航模水池试一下吧！

（1）通过这次动手，你有什么收获？

（2）你从中吸取了什么教训？

杂志：《现代舰船》

网址：船舶数字博物馆　http://amuseum.cdstm.cn/AMuseum/ship

序号	评价内容	自我评价	小组评价	教师评价
1	基本了解船的动力发展。			
	比较了解船的动力发展。			
	十分熟悉船的动力发展。			
2	制作的动力船比较精美，试航效果一般。			
	制作的动力船精美，试航效果较好。			
	制作的动力船精美有创意，试航效果很好。			
3	在制作、设计过程中能与别人合作探究。			
	在制作、设计过程中能主动与别人合作探究。			
	在制作、设计过程中能引领大家合作探究。			

航海

潜水艇

 认一认下面的潜水艇。

中国核动力潜水艇

"基洛"级潜水艇，
世界上最安静的潜水艇

"红宝石"级核潜艇，
世界上最小的核动力潜水艇

日本潜水艇Kaiko号

中国潜艇编队

观光潜艇

你知道潜水艇可以分为哪几类吗？

你知道潜水艇是什么时候出现的吗？

　　世界上最早的潜水艇是木头做的防水船，发明它的是一位居住在英国的荷兰人克列林斯·德列布尔。

　　德列布尔有一次出海旅游，看到船夫在甲板上把一些鱼的内脏挖出来烧着吃。他注意到船夫从鱼肚子里挖出来一个小小的皮囊一样的东西，而这好像又和其他动物的肺是有区别的，于是他问船夫："这个气囊是用来干什么的呢？"船夫说："你不知道吗？这是鱼鳔，鱼就是靠它上下沉浮的。"德列布尔听了，心中一动，他想：如果把这种原理利用到造船上，是不是就能制造出可以潜水的船呢？经过仔细思考，他花了几天的时间，画出了一张设计图，然后请造船厂的工人来帮忙，按照图纸，一起制造了一艘船。这艘船用木质做骨架，外面包了层牛皮，船内装了很多羊皮囊，就像鱼鳔一样。

　　德列布尔将它开进水中，把所有的羊皮囊都打开，让海水流进来，船身就开始慢慢地下沉。过了一会儿，船已经完全潜入水中了，德列布尔让助手们在水底划起船桨，向前行驶了一段路程，这才停下来，然后把皮囊中的水都挤了出去，船身就又奇迹般地浮出了水面。世界上第一艘潜水艇就是这样发明的。

你还想了解一下早期潜水艇的有关知识吗？不妨去搜集资料，研究一下。

 让我们用潜艇模型做个实验。

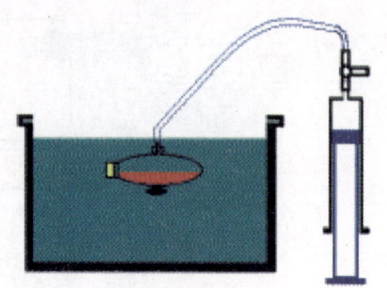

（1）把潜水艇模型放入水中，它会怎样呢？

（2）在潜水艇模型中注满水，观察一下，它有什么变化？

（3）怎样让它再浮起来？

这个潜水艇为什么既能沉，又能浮呢？

我的问题	
我的猜测	
实验器材	
我的实验	
我的发现	

请根据潜水艇的原理，在老师的指导下，制作一个简易的潜水艇。比一比，谁制作的更精美，谁的功能更棒！你可以照下图的方式做，但如果你自己设计一个，那就更好了。

材料： 大小废旧塑料瓶两只、小刀、胶布、塑料管一根、橡皮管一根、铁钉等。

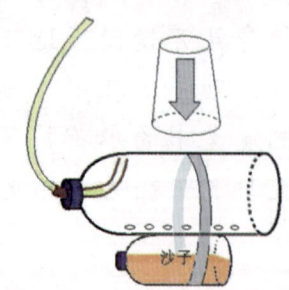

74　航模综合实践活动

设计图：

合作者：

工具材料	
注意事项	

你成功了吗？放在水中试航一下，效果怎样？

效果：

改进措施：

（1）用文字来描述一下你的设计意图，或者发挥想象，写一篇有关潜水艇的文章吧！
（2）你能让潜水艇自动航行吗？
（3）关于潜水艇你还想研究什么？

书籍:《海底两万里》
网址:瞭瞭远方　http://china81.com.cn

序号	评价内容	自我评价	小组评价	教师评价
1	知道潜水艇的原理。			
	理解潜水艇的原理。			
2	能完成潜水艇的制作。			
	能帮助他人完成潜水艇的制作。			

车 模

玩小车

你玩过小车吗？让我们一起来做一辆小车吧！

材料：牙膏盒一个、三四根长7厘米的自行车钢丝、废水笔芯、胡萝卜（或萝卜）、小刀、剪刀、透明胶布。

步骤：

（1）剪下适当长度的水笔芯，用透明胶布固定在牙膏盒底部，作为车轴套。

（2）用钢丝做车轴穿入车轴套，用小刀切下胡萝卜做成四个车轮，固定在车轴两端。

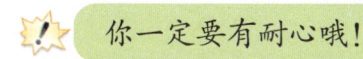
你一定要有耐心哦！

如果要制作一辆三轮或者多轮的小车又该怎么办呢？把你的设计方法和小组的同学交流一下，听听别人的意见。

动手制作一下吧！

把制作的小车放在斜面上，比一比，谁的小车走得又直又远。

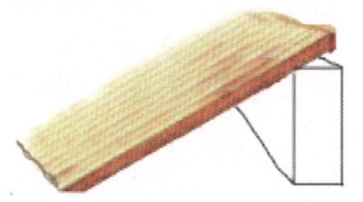

出发的位置要一样。

不能用手推哦。

把比赛中的所有规则列一个清单，与其他小组做交流，待大家达成共识后，才能开始哦！

规则记录：_____
_____

通过比赛，你有哪些收获呢？

 关于车，你有什么问题吗？让我们一起来进行研究吧。

问题清单

1. 小车行驶的快慢与哪些因素有关呢？

如何验证我们的假设呢？

用垫圈的重力作拉力。
我来计时吧！
定个终点和起点吧！

问题	小车运动的快慢和什么因素有关？
假设	与拉力的大小有关。拉力越大，走得越快；拉力越小，走得越慢。
保持不变的条件	
需要改变的条件	
实验步骤	
结论	

2. 为什么车轮都做成圆的？

如果车轮是方形的，行驶不平稳，且易出事故。

因为圆形的车轮跑起来快！

我们可以用萝卜做成不同形状的车轮来研究研究。

3. 车轮上的花纹又有什么作用呢？

花纹的故事。

汽车依靠轮胎支撑在路面上,而轮胎上的花纹在汽车驱动、制动和转向的过程中却起着至关重要的作用。

轮胎花纹的主要作用是增加胎面与路面间的摩擦力,以防止车轮打滑,这与鞋底花纹的作用是一样的原理。影响花纹作用的因素较多,但起主要作用并与汽车使用有关的因素是花纹样式和花纹深度。轮胎花纹样式多种多样,但归纳起来,主要有3种:普通花纹、越野花纹和混合花纹。普通花纹适合于在硬路面上使用,它分为纵向花纹、横向花纹和纵横兼有花纹。越野花纹分为无向和有向花纹两种。有向花纹使用时具有方向性。越野花纹轮胎适合于在崎岖不平的道路、松软土路和无路地区使用。混合花纹是普通花纹和越野花纹之间的一种过渡性花纹。它既适用于良好的硬路面,也适用于碎石路面、雪泥路面和松软路面,附着性能优于普通花纹,但耐磨性能稍逊。目前,一些货车和四轮驱动的乘用车多使用这种样式的花纹轮胎。

自行车轮胎　　　　山地车轮胎　　　　轿车轮胎　　　　防滑链

 制作一辆四驱车,看谁更出色!

 如果车没有轮子能行吗?

书籍:《十万个为什么》
杂志:《百科知识》

序号	评价内容	自我评价	小组评价	教师评价
1	知道影响车行驶速度的因素。			
	知道轮胎上花纹的作用。			
2	会制作纸盒小车,设计的车比较合理。			
	能创造性地设计探究实验。			
3	体会到在比赛的过程中原则的重要性。			
	在比赛中具有坚强的意志与不服输的精神。			
	在制作、设计过程中能主动与大家合作探究。			

特殊用车

💡 下面的车你认识吗？请在括号内写出它们的名字，并说说它们的特征和用途。

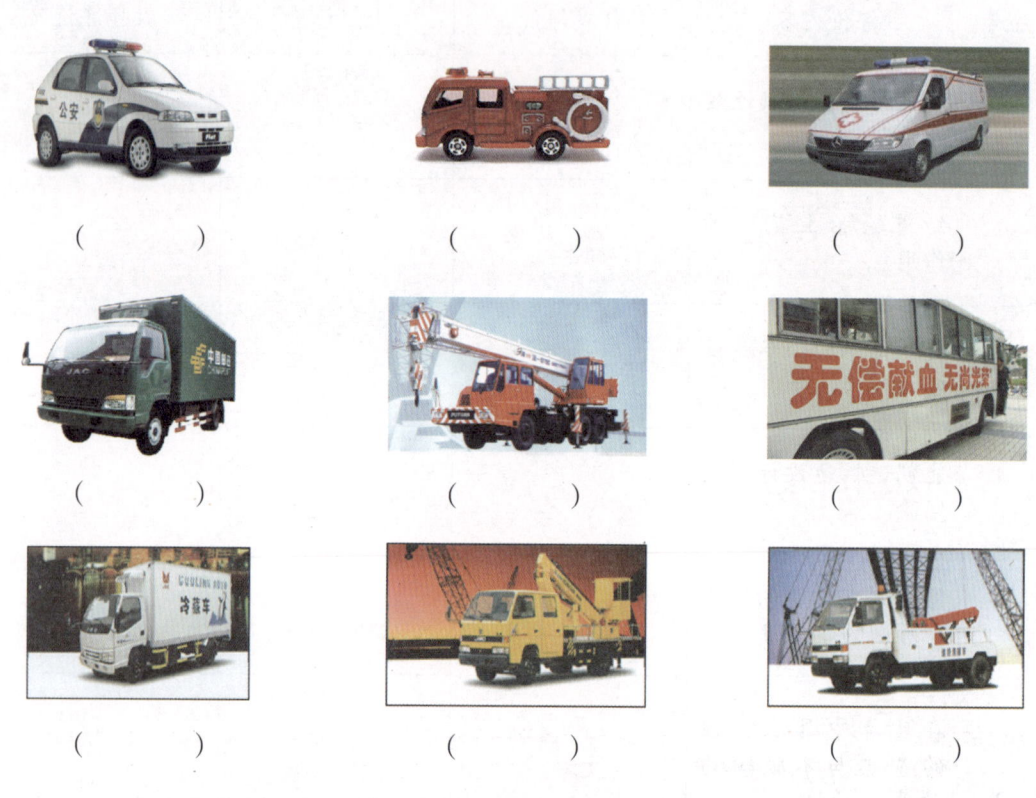

（　　）　　　　（　　）　　　　（　　）

（　　）　　　　（　　）　　　　（　　）

（　　）　　　　（　　）　　　　（　　）

你还知道哪些具有特殊用途的车？

那"119"和"120"又分别代表什么呢？

打匪警电话"110"呗！

你知道呼叫警车该拨什么号码吗？

某商厦在元旦那天不幸发生了一起火灾，五楼、六楼浓烟滚滚，情况紧急，如果当时你也在现场，你会怎么做？

（请把你的想法写在下面的横线上）

_____

_____

_____

_____

_____

 阅读下面的短文。

专用汽车是通过自身配置的各种专用功能装置使汽车的用途向基本型汽车无法进入的各个领域深入和延伸的品种类型。随着我国综合国力的强盛，城乡居民收入水平和消费能力不断提高，对专用汽车市场的需求量日渐增加是社会发展的必然趋势。众所周知，专用汽车具有特殊用途，与普通载货车相比，它生产批量小、附加值高，具有快速、高效、灵活、针对性强等特点。

随着我国经济和交通环境的改善，各行业对专用汽车尤其是重型专用汽车的市场需求将不断扩大，重型自卸车、散装水泥车、混凝土搅拌车、高空消防车、压缩式垃圾车、洒水车、油田专用车、食品专用运输车等重型专用汽车的市场需求会继续扩大，专用汽车的吨位构成必将会得到进一步优化与改善。

关于专用汽车，你还想知道些什么？请把你的问题写在下面的清单中。

问题清单：
_____
_____
_____
_____
_____

研究的问题	
研究的步骤	
研究的结果	

　　特殊用途的车在某一领域发挥着它不可替代的作用，未来社会对专用汽车的需求肯定会更加迫切。你觉得社会生活中还有哪些地方需要专用汽车？不妨也来设计一辆专用汽车吧！

设计意图：

我的设计：

火星漫游者是一种能在火星表面工作的小车，它是美国国家航空航天局经过3年时间、耗资8亿美元研制而成的。它能够铲起泥土，开凿岩石并检查样本。它会将得到的数据发回地球，由加利福尼亚州帕萨迪纳喷气推进实验室的科学家进行分析，以确定火星表面是否存在生命之源——水。

杂志：《汽车世界》

序号	评价内容	自我评价	小组评价	教师评价
1	认识一些特殊用途的汽车。			
	理解一些特殊用途的汽车。			
2	能和同学合作完成特殊汽车的研究。			
	独立完成特殊汽车的研究。			
	能帮助同学完成特殊汽车的研究。			
3	特殊汽车设计得比较合理。			
	特殊汽车设计有创新。			

航模综合实践活动　下篇

航 天

神舟飞船

夜晚，我们抬头仰望星空时，看到的是满天繁星。我们常常要问：星空的深处是什么？天空有多大？有没有边际？我们能够了解到宇宙深处的东西吗？直到1969年，美国宇航员阿姆斯特朗乘坐阿波罗11号在月球上迈出第一步，人类才真正意义上地开始了直观地了解宇宙的旅程。

你知道我国探索宇宙的经历吗？

我国继1999年11月20日成功发射第一艘"神舟一号"无人实验飞船后，在2001—2013年间，又多次成功地发射了神舟系列航天飞船。

一定付出了艰辛的劳动和智慧。

真了不起！

仔细观察"神舟六号"飞船飞行程序图，把你最想研究的问题写下来，然后小组讨论，并确定合适的问题进行研究。

1. 准备就绪

2. 火箭发射

3. 程序转弯

4. 抛逃逸塔

 5. 抛助推器
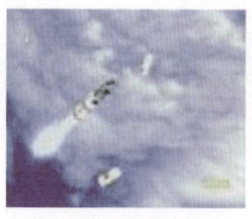 6. 整流罩分离
 7. 船箭分离
 8. 展开帆板

 9. 测控站对飞船监控
 10. 按预定轨道飞行
 11. 飞船接受发射信息
 12. 飞船调姿①

 13. 飞船调姿②
 14. 轨道舱返回舱分离
 15. 推进舱返回舱分离
 16. 进入黑障区

 17. 出黑障区
 18. 拉出引导伞
 19. 拉出减速伞
 20. 拉出主伞

 21. 抛防热板
 22. 缓冲发动机工作
 23. 发射信标
 24. 现场回收

科学研究最重要的品质是严谨、务实，让我们也一起来学习这样的品质，好吗？

关于＿＿＿＿＿＿研究计划书

研究的主题	
小组成员具体分工	
研究方法、步骤	
预期的成果及展示方式	

我的研究成果

神舟飞船搭载植物长势良好

在江苏省海门市航天育种基地的温室大棚里生长着的植物，与众不同。因为这些植物都是通过搭载"神舟三号""神舟四号"飞船在太空经过一段时间旅行返回地面的。到目前，已经有紫叶酢浆草、兰花、醉蝶、万寿菊等十多个品种。经过太空搭载的紫叶酢浆草，叶片明显比地面对照增大了。同时，地面上的叶片也不是很漂亮，而经过太空搭载的叶片不仅大而且颜色很纯正。这些植物经太空搭载回来以后，我们就选择生长快、叶片漂亮的这些植物突变体进行扩大繁殖。

这是我在制作飞船模型

朗诵下面的诗歌，你有怎样的感想呢？把它写下来吧！

一

俯瞰，俯瞰蔚蓝的家园。
超越，超越心灵的栅栏。

也许离开地面，
在失重的空间，
才能把纷繁的世界，
看得周全。

也许飞翔无限，
在能力的边缘，
才能将自我的羁绊，
砸碎打烂。

二

亘古不变，闪烁的星光点点，
千年感叹，苍穹的路途漫漫。

哦，扶摇直上九天，
巡航神游的神舟飞船，
迈向我们未知的领域，
实现飞天绮丽的梦幻。

哦，扶摇直上九天，
巡航神游的神舟飞船，
开启我们智慧的天眼，
探索浩瀚宇宙的璀璨。

 想一想，要为探索宇宙作出更大的贡献，我们应该怎么办？

书籍:《100个航天秘密》《向太空的长征》
网址:中国科普博览 http://www.kepu.net.cn

序号	评价内容	自我评价	小组评价	教师评价
1	能简单地描述人类的航天历程。			
	能详细地描述人类的航天历程。			
2	能描述神舟飞船的相关知识。			
	能详细地描述神舟飞船的相关知识。			
3	知道科学研究的基本环节。			
	理解科学研究的基本环节。			
4	在制作、设计过程中能与别人合作探究。			
	在制作、设计过程中能主动与别人合作探究。			
	在制作、设计过程中能引领大家合作探究。			

飞向太空

假如能飞向太空，你准备做些什么事情呢？

 读下面的新闻报道，说说你的想法。

小学生为太空实验提方案被采纳
——北京李桃桃的"吐丝织茧"脱颖而出

北京景山学校五年级学生李桃桃提出的"蚕在太空吐丝织茧"构想被确定为太空实验方案，该方案将在美国哥伦比亚号航天飞机上进行。据介绍，该实验将在中美宇航专家亲自指导下用于观测太空环境对蚕的生长影响，以及研究通过太空环境改善蚕品质的可能性。

由中国关心下一代工作委员等单位主办，时代科普网有限公司等承办的"中国航天之星"青少年太空科学探索计划共收到近1 000份想象力丰富，涉及生物、物理、化学等众多领域的中小学生实验构想。

摘自《北京教育报》

这确实是个好想法！

这样的科学研究我也想过。

……

阅读下面的短文。

人类从事空间活动，是对自身能力的挑战，也是为移民太空作准备。许多高科技产品的研制和开发，也离不开航天事业。太空的环境特殊，具有超低温、强辐射和高真空的特点，没有热对流，没有沉淀，能产出地球上无法得到的产品。而且来自太空的产品质量上乘，这填补了人类工业史的空白，为提升人们的生活质量和科学的发展作出了贡献。可以说，太空科技与我们的生活息息相关。

太阳能的应用、无线装置、水过滤装置、虚拟显示系统、便携式电脑等，也是航天科技在人们生活中的应用。

科学的许多分支都与太空紧密相关。

生物纳米技术领域的新进展也被应用于医学中。人们设想能否在人体细胞中安放纳米粒子，作为一种极其微小的感应器。只要这种纳米感应器发现了某种问题的存在，如病毒入侵，它就会通过发光等手段告知人们身体出了问题。这种尖端科技可以根据个人需求解决各种问题，发展前景非常广阔。

查阅资料，详细了解这些设备与太空研究的关系。

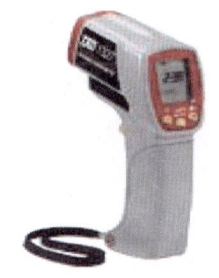
红外线温度计

热感应视频

血液分析仪

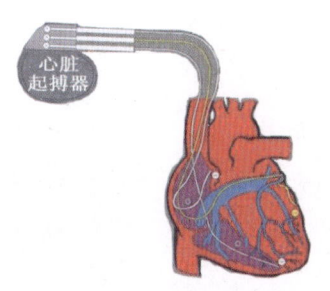
心脏起搏器

请以小组为单位,选取一个你感兴趣的有关太空科技的问题研究一下。

关于_____研究计划书

研究的主题	
小组成员	
小组成员具体分工	
研究方法、步骤	
预期的成果及展示方式	

尽可能收集更多的资料,并把你的研究成果与别人交流。

展望未来，你对航天科技是否又有了更进一步的认识？你觉得未来航天科技还可以应用于人们日常生活的哪些方面呢？把你的想法写下来，并与他人交流，好吗？

书籍：《航天科技在生活中的应用》
网址：国家航天局　http://www.cnsa.gov.cn

序号	评价内容	自我评价	小组评价	教师评价
1	知道太空科技在医学领域的应用。			
	知道太空科技在其他领域的应用。			
2	能对太空科技在其他生活领域中的应用选取一个主题进行深入研究。			
	研究的过程清晰有主见。			
	研究的过程有创造性的发现。			
3	能利用自己的知识积累幻想未来的航天科技与生活。			
	愿意与别人交流对未来的航天科技与生活的看法。			

航　空

孔明灯升空的秘密

孔明灯俗称许愿灯，相传是由三国时期的诸葛亮所发明。当年，诸葛亮被围困于平阳，无法派兵出城求救。他算准风向，制成会飘浮的纸灯笼，系上求救的讯息，其后果然脱险，于是后世就称这种灯笼为孔明灯。

让我们也一起来做一个孔明灯。

材料：

薄纸、裁纸刀、剪刀、尖嘴钳、棉线、工业酒精、胶水、细铁丝、棉花、竹条。

步骤：

（1）将薄纸剪成如下图所示规格的纸片，共六张。

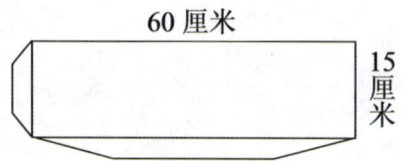

将第一张纸片的一边与第二张的一边粘在一起，再将第三张、第四张……依次同样粘上去，直到拼成一个两端漏空、直径约30厘米的筒状物。再剪一张圆形薄纸片，把上面圆空口糊住。待干后，把纸筒吹胀，找一条薄而窄的竹条，弯成与下面洞口一样大小的竹圈，在竹圈内交叉放两根互相垂直的细铁丝，并系牢在竹圈上，再把竹圈粘牢在下面洞口的纸边上，糊成的纸筒不能漏气。

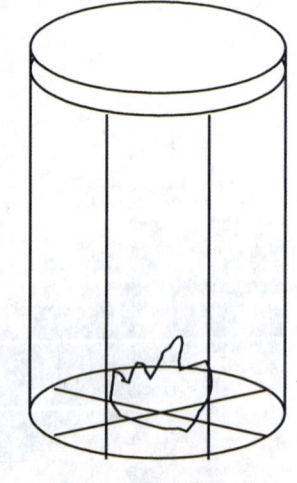

（2）把酒精棉球点燃扎在铁丝中心，等纸筒内部的空气烧热后，气球就会由平地直升天空。（如右图所示）

（3）选择晴朗无风的天气，拿住灯底的左右侧，另一人用酒精将脱脂棉浸透后点燃，直到双手感到孔明灯有上升之势，即慢慢放开双手，孔明灯便徐徐飞起。

 孔明灯必须要在无风的天气和空旷的场地上放飞。要确定附近无高压电线、输电塔，否则孔明灯不但不能飞上天，而且可能会引起火灾。放飞时，需要2~3人的共同协作。另外，可以在孔明灯底部拴上线，这样既可以重复放飞，又能控制起飞高度和范围，避免引起火灾。

孔明灯为什么会上天呢？

孔明灯的飞行原理是利用热空气的浮力使其上升。当孔明灯里的空气受热时，体积就会膨胀，但孔明灯的容积是固定不变的，因此，多余的空气便会跑出孔明灯外（如下图），这样，孔明灯里的空气密度便比孔明灯外的空气密度小，孔明灯也就因此浮起飞上去了！

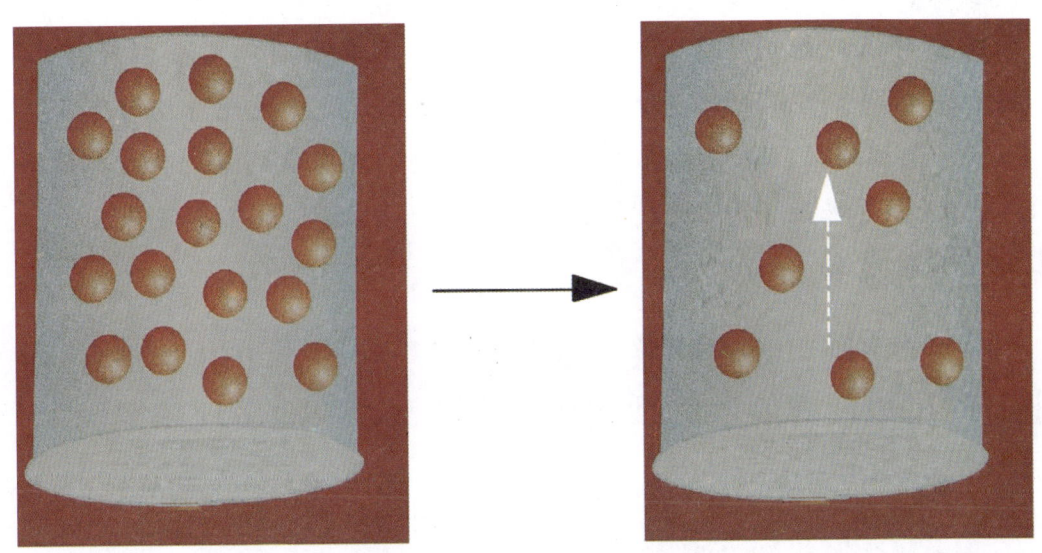

 做下面的实验，想一想，与孔明灯升空的实验相比，有什么相似之处呢？

材料：

铁丝支架（取长约40厘米的细铁丝，将一端弯成一个圆底座，另一端折弯直立，上端用锉刀稍锉尖，做成高15~20厘米的铁丝支架）、印有纸蛇的厚纸、剪刀、蜡烛、火柴。

航空 101

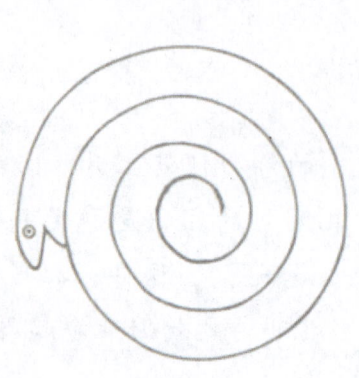 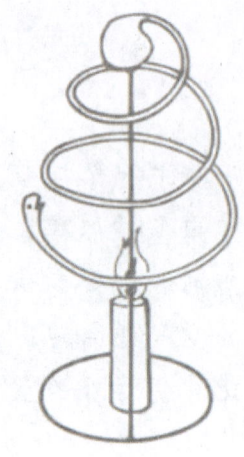

步骤：

（1）将纸蛇图用剪刀沿线剪开，在纸蛇尾部用圆珠笔头轻轻顶出一凹痕；然后将纸蛇尾部凹痕处顶在铁丝支架上，使纸蛇蛇身均匀下垂。

（2）点燃蜡烛，把它放在支架底座的中央，可以看到纸蛇会旋转起来。

（3）拿走蜡烛，纸蛇慢慢停止旋转；再把蜡烛放在支架底座中央，纸蛇又旋转起来。

空气受热后体积膨胀，变得稀薄、轻盈而上升。空气在向上升时可以使螺旋形的纸蛇转动，这就形象地显现热空气上升这一自然现象。

! 实验时要注意安全，防止烛火烧着纸蛇。

我的记录：

书籍:《太空问答101》
网址:中国热气球网 http://www.casballoon.com

序号	评价内容	自我评价	小组评价	教师评价
1	知道孔明灯的制作方法。			
	理解孔明灯的制作方法。			
2	能制作简易孔明灯。			
	能创造性地制作简易孔明灯。			
3	在制作、设计过程中能与别人合作探究。			
	在制作、设计过程中能主动与别人合作探究。			
	在制作、设计过程中能引领大家合作探究。			

风筝的故事

风筝起源于战国时期，其原材料是极薄的木片或竹片。汉朝以后，由于纸的发明和应用，在制作风筝时，逐渐以纸代木，称为"纸鸢"。五代时，又在纸鸢上系竹哨，风吹竹哨，声如筝鸣，故以后称"风筝"。

💡 你知道风筝有什么用处吗？

风筝一般是以竹料为骨架，用纸或绢蒙面裱糊，再精心绘制而成。依照风筝的结构形状，可以把风筝分为板子类、硬翅类、软翅类、龙类、立体类、硬翅串类、软翅串类、自由类等八个类别。

板子类

硬翅类

软翅类

立体类

龙 类

 你见过的风筝属于哪一类呢?

 阅读下面的短文。

南通是中国四大风筝产地之一，盛产板鹞。板鹞硕大无比、平整如板，以六角形为基础，通过组合变化，构成连星式南通风筝。这种"六角鹞"大的有几米长，上面装有几百只大小不同的"口"、"哨"，放上天去，这些口、哨发出不同的高低音，像一支大型乐队在空中合奏，声音可以传到几千米之外，气势磅礴。

把你收集到的南通风筝的有关信息做成小报，并与他人共享。

 我们也来做风筝。

材料：

2根松木或芦苇（0.6厘米厚，1厘米宽，90厘米长）、风筝面材料（塑料等）、绳子、剪刀、尺、双面胶、小锯子、笔、木胶。

步骤：

1. 用小锯在每根木棒端口处锯一个缺口。

2. 把木棒横放在另一根木棒距端点20厘米的位置上，并用木胶和绳子固定住。

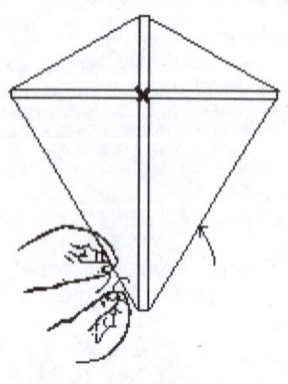

3. 用绳子缠出风筝的框架来。

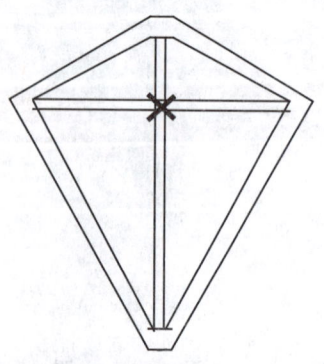

4. 在塑料薄膜上画出略大于风筝框架的样本，剪下后包住风筝框架，并粘牢。

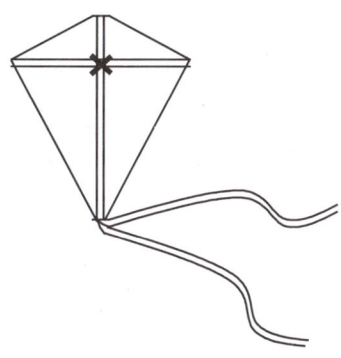
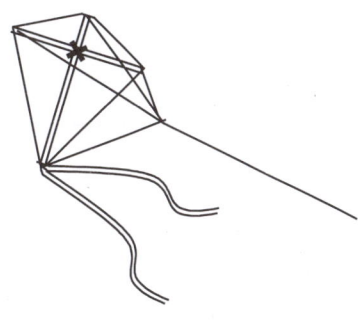

5. 在尾部粘上宽4厘米，长150~300厘米的塑料薄膜尾巴。

6. 在风筝四端各系一根线，将四根线的另一端系在一起，并系上放飞绳。

 放风筝的时候，一手拿线，一手握线把，逆风跑动，随着风筝的上飞慢慢放线，但必须用线带着风筝，不可随意乱放线。

 怎样使风筝飞得更高、更稳？

　　风筝要有很好的平稳性，必须左右对称，重量平衡。

　　风筝飞上天与它的平衡、当时的风力与风向、风筝线的控制都有密切的关系。风筝飞上天以后，气流会从风筝的底部流动，给风筝一个向上的升力；当向上的风力大于风筝上面空气的压力时，风筝会冉冉地飞向高空。当风力减弱，拉着风筝线跑，可以促使空气快速流动，使风筝再一次飞上天空。

书籍:《江海文化》
网址：中国风筝协会官方网站　http://kite.sport.org.cn

序号	评价内容	自我评价	小组评价	教师评价
1	能辨识不同种类的风筝。			
	能辨识多种不同种类的风筝。			
2	能制作简易的风筝。			
	能制作比较精美的风筝。			
3	能体会风筝放飞的方法。			
	能总结风筝放飞的方法。			

航 海

郑和下西洋

 认真阅读下面的内容,说一说你有什么感想。

明朝前期,我国是世界上强盛的国家。为了加强同海外各国的联系,明成祖派遣郑和下西洋。

1405年,郑和率领两万七千多人,乘坐两百多艘海船,第一次出使西洋。庞大的船队驶离刘家港,出长江口南下,浩浩荡荡地行驶在茫茫大海上。到1433年,郑和前后七下西洋,到过亚非三十多个国家和地区,最远到达红海沿岸和非洲东海岸,比欧洲航海家的远航早半个多世纪。郑和是我国也是世界历史上的伟大航海家。

郑和船队到达各国,大都受到热烈欢迎。船上装载着大量金银宝货,以丝绸和瓷器最受当地人喜爱。他们从各国换回珠宝、香料和药材等特产。船队返航时,许多国家的国王和使臣都搭乘他们的船只前来中国访问。郑和的远航,促进了中国和亚非各国的经济交流,加强了我国和亚非各国的友好关系。

 根据上面的内容并查阅相关资料,用彩色笔在下面这张图上标注郑和下西洋的路线,并写上第几次。

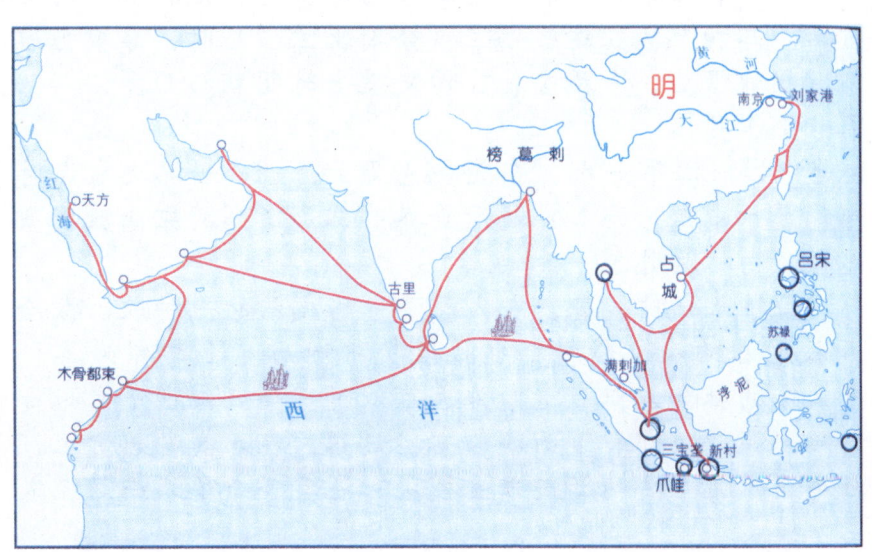

了解郑和

郑和是中国历史上最杰出的航海家。郑和的才能在他一生所做的各项伟大事业中体现得淋漓尽致，他在航海、外交、军事、建筑等诸多方面都表现出卓越的智慧与才识。从永乐初年起，郑和按照明成祖朱棣的安排转向航海事业。在郑和早期的航海活动中，郑和已经开始研究和分析航海图，他通晓牵星过洋航海术，

郑和的出生地

熟通各式东西洋针路簿，掌握天文地理、海洋科学、船舶驾驶与修理的知识技能。从明永乐三年（公元1405年）至宣德八年（公元1433年），郑和先后率领庞大船队七下西洋，经东南亚、印度洋远航亚非地区，最远到达红海和非洲东海岸，航海足迹遍及亚非三十多个国家和地区。这七次航行的规模之大，人数之多，组织之严密，航海技术之先进，航程之长，不仅显示了明朝国家的强大，也充分证明了郑和统率千军的才能。

了解郑和下西洋的航海壮举的突出特点。

首先，郑和下西洋代表了一种和平交往的航海模式。中国在三国和唐宋时代，通过南海已经开始发展了与东南亚、南亚和西亚的海上贸易网。郑和下西洋的另一重要内容是官方贸易，贸易采取议价成交方式，体现了平等、自愿、公平的贸易原则和精神。

其次，郑和下西洋的壮举，也是中国与有关各国和地区的文化交流和文明对话。郑和船队在途经锡兰（今斯里兰卡）时，尊重当地人民的佛教信仰，捐钱修庙，布施香礼，对发展当时明朝与西洋伊斯兰国家的友谊起了重要作用。

郑和是中国航海第一人，在某种意义上，也是世界大航海时代的第一人。郑和属于中国，郑和也属于世界。郑和所到的东南亚国家至今还在纪念郑和，足以说明这一点。

郑和下西洋是一种象征，它代表了中华民族的一种敢于探险、不畏艰险、开放包容的人文精神，也代表了中国历史上与邻为善、世界大同、共享太平的社会意识。这或许也可以说明今日中国坚定地走和平发展之路的历史渊源。郑和下西洋的史实说明，在人类的历史上，并非只有西方社会达尔文主义的弱肉强食模式，还有一个追求平等互敬、和谐共享的东方模式。

了解郑和下西洋途中的航海工具。

在科学很不发达的古代，郑和是靠什么在茫茫大海上不迷失方向而顺利航行的呢？

靠指南针、航海图来明确航海方向。

靠看星星来判断方向。

……

 制作一枚指南针。可上网查询或向老师请教所需材料，小组合作完成。

 你想对郑和下西洋有更深入的了解吗？与你的团队选择一两个感兴趣的主题进行深入的研究吧！

研究主题	
人员分工	
研究步骤及方法	
研究成果	
心得体会	

航海 111

研究郑和下西洋的宝船。

郑和下西洋，组建了前所未有的世界上最庞大的远洋船队。郑和使团每次远航，一般由63艘大、中号宝船组成船队主体，加上粮船、水船数种其他类型船只，共百余艘。其中，以第一次下西洋的208艘海船为我们目前所知七下西洋中动用船只最多的一次。

郑和乘坐的宝船到底有多大一直是史学界之谜。据《明史·郑和传》明确记载：郑和乘坐的宝船"长四十四丈四尺，阔十八丈"。换算后，应为长148米，宽60米。宝船是船队中的帅船，是中国历史上体积最庞大的木船，用作使团领导成员和外国使节乘坐，以及装载明朝赠给各国的礼品和各国回赠的珍宝。宝船上下共有8层，包括郑和在内的近千名官兵生活和工作在大船内，排水量近万吨。在郑和时代100年之后，西方一些知名航海家的船也并不大，哥伦布的旗舰"圣·玛利亚"号排水量约233吨，麦哲伦的旗舰"特立尼达"号排水量只有110吨，达·伽马的旗舰"圣·加布利尔"号的排水量也才400吨，郑和宝船是当时世界上最大的"航空母舰"。当代美国学者路易斯·丽瓦塞斯高度评价了郑和船队，他认为，郑和船队在中国和世界历史上，是一支举世无双的舰队，直到第一次世界大战之前是没有可以与之相匹敌的。

书籍：《非洲踏寻郑和路》

序号	评价内容	自我评价	小组评价	教师评价
1	初步了解郑和下西洋历史。			
	熟知郑和下西洋历史，理解其历史价值			
2	在同学的帮助下搜集到信息资料。			
	独立搜集信息资料。			
	帮助同学学会搜集信息资料。			
3	在活动中能与别人合作探究。			
	在活动中能主动与别人合作探究。			
	在活动中能引领大家合作探究。			

海洋——21世纪的希望

广阔无垠的海洋是孕育生命的摇篮,这其中有闪闪发光的夜光虫和身体晶莹透明、随波逐流的水母,有美丽无比的珊瑚、五彩缤纷的海葵和"顶盔贯甲"的虾蟹,有"喷云吐雾"的乌贼、名贵的海参和鹦鹉螺,还有千奇百怪的鱼类、古老的海龟和憨态可掬的海豹,更有聪明灵巧的海豚和硕大无比的巨鲸……它们共同生活在这熙熙攘攘的海洋大家庭里,组成了光怪陆离的海洋世界。

 阅读下面的短文。

在当今全球粮食、资源、能源供应紧张与人口迅速增长的矛盾日益突出的情况下,开发利用海洋中丰富的资源,已是历史发展的必然趋势。

海水可以直接作为工业冷却水源,也是取之不尽的淡化水源。发展海水淡化技术,向海洋要淡水,是解决世界淡水不足问题的重要途径之

一。海水中已发现的化学元素有八十多种。目前,海洋化学资源开发达到工业规模的有食盐、镁、溴、淡水等。随着科学技术的发展,丰富的海洋化学资源将广泛地造福于人类。

在大陆架浅海海底,埋藏着丰富的石油、天然气以及煤、硫、磷等矿产资源。在近岸带的滨海砂矿中,富集着砂、贝壳等建筑材料和金属矿产。在多数海盆中,广泛分布着深海锰结核,它们是未来可利用的潜力最大的金属矿产资源。

海水运动中蕴藏着巨大的能量,它们属于可再生能源,而且没有污染。但是,这些能量密度很小,要开发利用它们,必须采用特殊的能量转换装置。现在,具有商业开发价值的是潮汐发电和波浪发电,但是工程投资较大,效益也不高。

海洋深刻地影响着人类的过去、现在、将来，选择一两个感兴趣的主题进行深入研究，并与大家一起分享成果！

研究主题	
人员分工	
研究步骤及方法	
研究成果	
心得体会	

 发挥自己的想象，画一幅有关海洋的科幻画。

航海 115

中世纪，漂流瓶是人们穿越广阔大海进行交流的有限手段之一。密封在漂流瓶中的纸条往往包含着重要的信息或者衷心的祝福。发现一个可能从未知领域而来的漂流瓶，对于古代水手而言或许是一种惊喜。神秘、偶然、期待……漂流瓶俨然是航海时代人类跨文化交流的象征符号。让我们一起来制作漂流瓶吧！

漂流瓶

那满瓶的精彩，
等待七个轮回后取出……

蓝色的玻璃瓶，
透出一颗颗淡紫色的小星星，
瓶里装满了无数美丽的祝福。
带上它，
来到空旷的海边，
捧起一堆细沙，
在阳光的照耀下，
闪闪发光。
轻轻地，
把它扔至瓶中，
聆听那互相碰撞的声音，
清脆……
悠长……

走到海边，
漂流瓶的祝福，
飘向远方，
去抚慰，
那天际边的遗憾。
五彩的瓶中，
装满了一个女孩的梦。
愿海水当它的摇篮，
鱼儿当它的玩偶，
陪伴它，
度过海中的时光。
满载祝福的漂流瓶，
到底会飘向何方……
绿色的岛屿渐渐沉没……

 读完后，你有什么感想吗？

书籍：《海洋资源概论》《海洋资源与可持续发展》
网址：中国环境资源法学网　http://www.7265.cn

序号	评价内容	自我评价	小组评价	教师评价
1	在同学的帮助下搜集信息资料。			
	独立搜集信息资料。			
	帮助同学学会搜集信息资料。			
2	能积极参与团队主题研究活动。			
	能组织引领团队开展主题研究活动。			
3	学会制作漂流瓶。			
	学会制作漂流瓶并了解相应背景知识。			

车模

车标文化

 下面的汽车标志你认识吗？请写出它们的名称。

( )	( )	( )
( )	( )	( )
( )	( )	( )
( )	( )	( )
( )	( )	( )
( )	( )	( )
( )	( )	( )

你还知道哪些汽车标志？把你搜集到的车标画在（或是贴在）下面的方框内。

 阅读下面的短文。

在中国，"红旗"是一个老少皆知的世界经典品牌。1958年的中国一汽，以吉林工业大学借来的一辆1955型的克莱斯勒高级轿车作参照，根据民族的特色，仅用一个月的时间就打造出了第一辆红旗高级轿车。这辆车的诞生已成为一个中华民族尊严的象征，它从此向世界宣告了：中国人不能生产高级轿车已成为历史！

经过二十多年的延续和发展，中国轿车在世界经典名车中确立了地位。"红旗车"曾于20世纪60年代在欧洲国家举办的国际车展中引起轰动，在当时国内广大人民对红旗轿车寄予了深厚的感情，它更受到国内外高级领导人的深情拥戴。红旗轿车自20世纪60年代起就成为我国的礼宾用车，堪称中国第一车。

调查一种你喜欢的汽车车标,把你调查的成果填写在下表中。

汽车名称		汽车标志	
生产国			
车标诠释			
相关车型及简要介绍			
品牌价值			
其 他			

 设计一款车标,并简述你的设计意图。

	设计意图

书籍：《全球车标图谱》

序号	评价内容	自我评价	小组评价	教师评价
1	初步认识汽车车标文化。			
	十分熟悉汽车车标文化。			
2	能在老师与同学的帮助下搜集车标信息资料。			
	能独立搜集车标信息资料。			
	能帮助同学学会搜集车标信息资料。			
3	通过学习，对车标文化比较感兴趣。			
	通过学习，对车标文化兴趣比较浓。			
	通过学习，十分热爱车标文化。			

汽车与生活

汽车在人们的生活中有着广泛的应用，自从汽车发明的那天开始，"汽车改变生活"的梦想，就开始变得实实在在。

 小组讨论一下，说一说，汽车如何改变了我们的生活。

有了车可方便了，想去哪就去哪！

还可以……

汽车融入我们的生活，并悄悄改变着我们的生活，它给我们的生活带来方便的同时也带来了负面的影响。调查表明，城市空气中的一氧化碳大部分来自汽车尾气，它主要是由汽油不完全燃烧产生的，容易造成人体缺氧窒息。碳氧化合物尽管在汽车尾气中含量不多，但其构成成分中含有一种已被各界公认的强致癌物质；同时，碳氢化合物与另一排放物——氮氧化合物容易发生光化学反应，产生一种浅蓝色烟雾，这也是汽车尾气常常呈现浅蓝色的原因。1970年，美国洛杉矶曾发生了举世瞩目的光化学烟雾事件，大约有一半居民患上红眼病。我国机动车较多的上海市也曾经发生过光化学烟雾事件。汽车尾气中二氧化硫具有强烈的刺激气味，达到一定浓度时易导致"酸雨"的发生，造成土壤和水源酸化，影响农作物和树木的生长。

汽车也是"马路杀手"，威胁着人们的生命。目前我国道路交通事故死亡人数居世界第一，全球约有15%的交通事故发生在中国。

 你如何看待我国道路交通事故居高不下的现象？原因何在？

各种各样的交通标志。

禁止驶入　　　禁止停车　　　禁止机动车通行　　　禁止超车

连续弯路　　　注意儿童　　　无人看守铁路道口　　　易滑路面

你还认识哪些交通标志？请把你搜集到的贴在下面的方框内。

车　模

分组调查本地的道路交通事故发生率以及汽车尾气的排放情况。（必要时可查阅部分资料或是采访交通警察和司机）

调查内容		调查方式	
调查过程（现状简述、原因分析、改变措施）			
其他			

 有趣的车型。

> 在目前的许多车型中，既有流线意味，又有楔形风貌，并由不同线型交叉表达出种种豪华、潇洒、温馨、浪漫的款式，让人目不暇接。
>
> 为使一车多用，人们设想出一种组合式汽车。这种车有一个车头部分（主要装有动力系统），既可独立使用，也可和不同的车厢连接，成为小货车、旅游车、冷藏车等，根据需要随时变换。
>
> 有人还设计出一种会飞的汽车。当遇到高速公路上出现拥挤被迫停车时，司机可在几分钟之内迅速把机翼装在汽车上，然后从公路上飞过障碍物，以每小时200千米的速度在空中飞行，并可随时着落。
>
> 纵观汽车的辉煌历史，我们有理由相信汽车工业的明天一定会更好！

以"未来的汽车世界"为题,创作一幅科技幻想画或科技小报。

 书籍:《汽车你我他》

序号	评价内容	自我评价	小组评价	教师评价
1	初步了解汽车与生活的关系。			
	比较了解汽车与生活的关系。			
	十分了解汽车与生活的关系。			
2	能在他人帮助下完成调查报告。			
	能独立完成调查报告。			
3	会按要求画科技幻想或编辑科技小报			
	科技幻想画或科技小报主题鲜明、有创意。			

车模 125

后 记

本书在编写过程中，参阅了不少当代著述与期刊的作品，撷取了很多珍贵的精神粮食，为读者打开了一片晴空，那些充满智慧的作品定会在与读者的心灵碰撞中迸发光芒。

由于各种原因，未能及时与本书中一些作品的作者、编者取得联系。本着对本书质量的追求，又不忍将其割爱，故冒昧将作品收录书中。鉴于此，还请作者诸君谅解为盼，并请诸君及时与本书作者联系，支取为您留备的稿酬。谢谢！